真宗文庫

わが心の歎異抄

今井雅晴

東本願寺出版

はじめに

本書は、二〇〇七年に発行した今井雅晴氏著の『わが心の歎異抄』を、語句の整理等を加え、真宗文庫としてあらたに発行したものです。

収載の内容は、月刊誌『同朋』（東本願寺出版発行）にて、今井氏が二〇〇五年十月号から六回にわたり連載された「わが心の『歎異抄』」に加筆いただいたもので、「自分の人生でいちばん影響を受けた本はと問われれば、ためらわずに『歎異抄』を挙げます」という今井氏が、『親鸞語録』ともいわれる『歎異抄』の言葉をとおして、その魅力を伝えています。

また、本書は二部構成になっており、第一部が自身の生き方と『歎異抄』との関わり、第二部が『歎異抄』の著者と言われる唯円の人物像や『歎異抄』成立についての研究成果を掲載しています。

鎌倉時代に記され、今なお読まれ続ける『歎異抄』。なぜこれほど読まれ続けているのか、本書がその魅力に一人でも多くの方がふれるきっかけとなり、そして親鸞聖人が顕《あき》らかにされたお念仏の教えを聞く機縁となることを願っております。

東本願寺出版

目次

・本文中の真宗聖典とは、東本願寺出版発行の『真宗聖典』を指します。

第一部　わが心の『歎異抄』

一　人間への信頼

たとい、法然聖人《ほうねんしょうにん》にすかされまいらせて、念仏して地獄《じごく》におちたりとも、さらに後悔《こうかい》すべからずそうろう。

（『歎異抄』第二章・真宗聖典六二七頁）

人間《じんかん》から人間《にんげん》に

「もし、法然聖人《ほうねんしょうにん》に「念仏を称《とな》えれば極楽往生《ごくらくおうじょう》できますよ」と教えられたのが嘘であって、教えられたとおりに念仏した結果、地獄に堕《お》ちてしまっても、私は決して後悔はいたしません」。

『歎異抄《たんにしょう》』は日本の古典のなかで、もっとも多くの人たちに読まれている本の一つだと思います。この『歎異抄』は、浄土真宗の宗祖である親鸞《しんらん》のことばを、門弟の唯円《ゆいえん》が記述した仏教書です。比較的短文で構成されていて、わかりやすく、名文であるのも特色です。しかし『歎異抄』が現代でも読まれている理由は、仏教書であるからというだけではありません。宗教を、あるいは宗派を超えて現代の私たちを惹《ひ》きつけるものを持っているから、また人間を考える書であり、さらには励ましの書でもあるからだと私は思います。

私は『歎異抄』からはかり知れないほどの恩を受けてきたと、いま人生を振り返ってそのように思います。特に『歎異抄』には励まされ、生きる力を与えてもらってきました。そこでまずは、冒頭に掲げました『歎異抄』第二章にある文章を手がかりにして書き始めたいと思うのです。

私たちは一人で生きているのではありません。多くの人のなかで、多くの人に支えられて生きています。ですから、本気で「私は誰の世話にもなっていない。誰の世話もしていない。私は一人で生きてきたんだ」と思う人はいない、そのように私は漠然《ばくぜん》と思っていましたが、昔の人もそう思っていたんだと知って感動したことがあります。それは私が大学生になって、最初の年に受けた一般教養の授業においてでした。たしか「倫理学概論《りんりがくがいろん》」という科目名の授業で、参考書として、和辻哲郎《わつじてつろう》著の『人間の学としての倫理学』(岩波全書)が挙がっていましたので、読んでみると、次のような一節がありました。

人間はもともとは「人」という漢字で表現されていた。そして人は一人で生きているのではない。多くの人の間で生きている存在なのだ。それで「人」の住む世界を「人間《じんかん》」と呼んだのだ。それがいつか「人」そのものを指すようになった。読み方も「人間《にんげん》」と変わってしまったのだ。

このような内容だったと思います。そうか、人は一人で生きているのではないと昔の人たちも思っていたのだ。たしかに、繁殖期以外は単独行動をする動物たちも多くいます。

これに対して人間はとてもじゃないが一人では生きられない。そしてよりよく生きるために、生き方を教えてくれる先生がいる。子どものころに読んだ偉人伝《いじんでん》を思い出すと、よい先生に巡《めぐ》り会ったことがいろいろと書いてありました。

正直なところ、二十代までの私はいろいろな先生に出会ってそれぞれお世話になりましたけれども、後から考えるとそれほどの影響を受けなかったのではないかと思います。それはひとえに私自身の人生に対する真剣さ、特に一生の仕事にしている学問研究への真剣さが足りなかったのだろうと思います。ずいぶん悩んだことは悩んだのですけれど、やはり表面だけの悩みであったように思うのです。

人間《じんかん》で、この人こそ学問研究の先生で、同時に人生の師匠であったと思う人に出会ったのは、学問研究において行き詰まっていた三十歳の時でした。大学院の博士課程に入る前後のことで、その時には、そうとはわかりませんでしたが、じわじわとわかっていったというのが事実だったと思います。そしてその先生のすぐれた面に気がつくようになってから、私は親鸞のことを思い出すようになっていました。

法然との出会いと信頼

本書の最初に挙げました『歎異抄』第二章の一節の前には、次の文章があります。

親鸞《しんらん》におきては、ただ念仏して、弥陀《みだ》にたすけられまいらすべしと、よきひとのおおせをかぶりて、信ずるほかに別の子細《しさい》なきなり。念仏は、まことに浄土にうまるるたねにてやはんべるらん、また、地獄におつべき業《ごう》にてやはんべるらん。総《そう》じてもって存知《ぞんち》せざるなり。

（真宗聖典六二七頁）

「よきひと」すなわち法然《ほうねん》は親鸞の一生の師であったと言われています。

比叡山延暦寺《ひえいざんえんりゃくじ》で九歳の時から修行していた親鸞は、その修行と人生に悩んだ末に京都・六角堂《ろっかくどう》に参籠《さんろう》しました。二十九歳の時でした。そして九十五日目の暁《あかつき》に観音菩薩《かんのんぼさつ》の夢告《むこく》を得た後、直接指導してくれる師を求めて東山の法然のもとを訪ね、専修念仏《せんじゅねんぶつ》の教えを受けたと親鸞の妻である恵信尼《えしんに》の手紙にあります。

親鸞は法然のもとに百日間通ったそうです。それは念仏の教えもそうですけれども、まず、苦しい悩みを受けとめてくれる法然の人間性に感動し、惹きつけられたからではないかと私は考えています。法然は親鸞より四十歳年上でしたから、この時六十九歳でした。いろいろな絵巻物や掛け軸などに示される法然は、いかにも温顔《おんがん》という印象です。人生の荒波を経《へ》た上でのやさしい人柄であったと思われます。恵信尼の手紙には、

降るにも照るにも、いかなる大事にも、参りてありしに、

（真宗聖典六一六頁）

「雨が降って歩きにくかろうが、暑い日差しが照りつけようが、どんな大切な用事があっても、法然聖人のもとに日参しましたところ」、とあります。

注　近年、恵信尼の手紙の原文「いかなる大事」は「いかなる大風」と読むべきだという説が出ています。筆者（今井）もその説に同意していますが、本書では真宗聖典の読み方に従っています。

法然は親鸞の苦しかった心の悩みをじっくりと受けとめられ、そして将来にわたる信仰生活の方向を指し示してくれたのだと思います。温顔の法然のもとに今日も明日もと通う親鸞。そしてその法然の説く専修念仏の教えに惹きつけられていく親鸞——目に浮かぶような気がします。その結果が前掲の『歎異抄』第二章の引用部分です。私なりに現代語訳してみますと、

私親鸞においては「もっぱら念仏を称《とな》えて阿弥陀仏にお助けいただこう」と法然聖人に仰せをいただき、そのことばを信ずる以外には特別何もありません。念仏が、ほんとうに極楽《ごくらく》に往生《おうじょう》できる行いになるのか、

あるいは地獄に堕《お》ちる行いなのか。私にはまったくわかりません。もし法然聖人に「念仏を称えれば極楽へ往生できるから」と騙《だま》されて、念仏を称えて地獄に堕ちてしまっても、私は決して後悔はいたしません。」となります。『歎異抄』第二章の文章には、続いてその理由が記してあります。「いずれの行《ぎょう》もおよびがたき身なれば、とても地獄は一定《いちじょう》すみかぞかし（もともと私親鸞はどう修行しても地獄に堕ちる身でありました）」とか、阿弥陀如来が仰ったのが正しいとしたならば、釈迦《しゃか》の教えも正しい、以下善導《ぜんどう》を経て、法然の教えは正しいはずだ、というようにあります。気がついたら、親鸞は心の底から法然を信頼していたのです。

私は、この「たとい、法然聖人にすかされまいらせて、念仏して地獄におちたりとも、さらに後悔すべからずそうろう」という部分がたいへん好きですし、人間がいかに他の人間を信頼することができるのかという代表的な文章だと思っています。私は日本史の研究が専門ですから、かなり多くの昔の史料を読んできました。そのなかで、いちばん好きな文章はと問われれば、この『歎異抄』のことばを挙げたいと思っています。

私の大学院生時代

私は二十六歳から三十四歳まで東京教育大学の大学院に八年間在学しました。初めの四年間は修士課程で、次の四年間は博士課程でした。入学の時は、ちょうど大学紛争の時で、入学試験は大学で行うことができず、料亭だったか神社だったか、筆記試験は畳の部屋で細い横長の机で行いました。面接は同じく畳の別室で正座をして受けた記憶があります。入学しても最初の一年間は授業が行われないなど厳しい時でした。

修士課程の時期には、研究を進めていても、よい研究ができなかったこともあって私はなかなか文章が書けませんでした。普通、修士課程は二年間です。最初の年は授業がなかったからしかたがないとして、三年目の終わりには修士論文を書き上げるべきでしたが、書くことができずに、すでに結婚していましたので妻にもう一年やらせてくださいとお願いした記憶があります。

四年間で修士論文が書けないと中途退学となり、次の博士課程には進めませんので、背水《はいすい》の陣《じん》で書き上げましたが、よい研究内容・よい文章とは思えなくて、自分で読んでもおもしろくありませんでした。書いた本人がおもしろくなかったら、先生方が読んでもおもしろくないだろうと強く思ったことを覚えています。しかしそれでも修士課程を修了させてもらい、そして試験を受けて博士課程に入れていただきました。

そのころ、すでに私は三十歳になっており、妻がいただけでなく、子どもも生まれていましたので、もうその研究の道を進むしかありませんでした。そのころは親鸞の研究ではなく、同じ鎌倉時代の人ではありますが、一遍《いっぺん》の研究をしていました。しかし、どうしてもよい研究ができなくて、どうしたらよいのかまったくわからなくなっていました。その当時、何かのおりに撮った写真に写っている私は、どれを見ても笑っていません。かたい表情をしています。「とても笑えるものか」と思っていたのです。誰が悪いわけでもない、自分の責任なのですが、とても苦しい時期でした。

師との出会い

ちょうどその時期に、友人の結婚披露宴に出席しました。その時、ある大学の高名な仏教史研究の先生と隣り合わせになったのです。その先生のお名前や業績は知っていましたので、かたい方だろうと思い緊張して席についたのですが、ずいぶん気やすい、冗談ばかり言われるとても若々しい先生で意外でした。

結婚披露宴はそのまま終わったのですが、たまたまその先生が、ご自分が勧める大学で四月から勉強会を開かれるということを後で聞き、入れてくださいと人を介してお願いしました。博士課程に入ったらどのように研究したらいいのかわからずお先真っ暗だった私は、正直なところ藁をもつかむ気持ちでした。

結婚式でたまたま隣り合わせになっただけの、わけのわからない者が勉強会に入れてくれと言ってきたのですから、先生は変な顔をされていたそうです。当然です。それでも「いいですよ」と言ってくださり、私は毎週、その勉強会に通いました。

ところが、気やすいことは気やすいのですけれども、勉強会では厳しい先生で、四月には大学院生クラスの出席メンバーが六、七人いたのが、七月になったら私だけになっていました。この勉強会にそのままいてもいいのだろうかと悩んだのですが、私は先生に魅力を感じ始めていたこともあり、通い続けました。

そのうち、八月の上旬に水戸で学会があり、先生は一緒に行こうと誘ってくださいました。その列車のなかで、先生は学問上、まさに目から鱗が落ちる話をしてくださったのです。上野から水戸に至る間、窓際に座った先生の話を聞きながら、輝くばかりに明るかった窓の外をいまでも覚えています。

その先生は日蓮《にちれん》の研究をされていたので、私の研究対象とはまったく違うのですが、先生の研究を見ていると、学問的にはもちろん魅力的ですけれども、論文を読んでも起承転結があって、山あり谷ありでおもしろいのです。私は早くからそのことに気づいていました。一方、私の書いた論文はただ地面をしかたなく歩いているだけのようなもので、おもしろくも何ともなかったのです。

そこで考えました。昔から職人は親方や兄弟子のワザを盗めというではありませんか。私も先生のワザを盗ませていただこう。先生のまねをして文章を書き、論文に仕上げてみよう、と思い立ちました。もちろん、サルまねでは話になりません。先生の研究対象とは異なる分野の一遍についての論文を必死に完成させせました。教えていただいてから七カ月目のことです。そしてわりと早く、それから三カ月後には論文掲載の学術雑誌が出版されました。

何とうれしいことに、「あの論文はおもしろかったですよ」とある後輩に言われたのです。はじめてだったような気がします。今でもその後輩の笑顔を覚えていますが、その時私は「そうだ、これだ！」と思いました。前途にほのかなともしびが灯ったようにも思え、「もう、これしかない」と思いました。この先生についていくしかない、と思ったのです。「これならできるかもしれない」、つまり何らかの形で研究が成るかもしれない、と思ったのです。

『歎異抄』の励まし

それまで私は妻もいれば子どももおり、家庭があって、前に進むしかなく、かといって出口が見えない状況でした。そのなかで修士論文を書くことがいかに苦しかったか。しかし、その苦しみをとおして先生と出会い、先生が導いてくださったのです。ここで思い出されてきたのが『歎異抄』の一節でした。繰り返せば「たとい、法然聖人にすかされまいらせて、念仏して地獄におちたりとも、さらに後悔すべからずそうろう」という文章です。

私は文章のなかの「法然聖人」をその先生のお名前に置き換え（仮にA先生としまして。先生はお寺の出身でした）、「念仏」を学問と置き換え、またはなはだ僭越《せんえつ》なことはわかっておりますが、自分を親鸞になぞらえて、「たとい、A先生にすかされまいらせて、学問して地獄におちたりとも、さらに後悔すべからずそうろう」と何度も口にしました。数えきれないほど口にして自分を励ましました。もうこの先生についていくしかないと、ほんとうに思ったのです。

親鸞が「いずれの行もおよびがたき身なれば、とても地獄は一定すみかぞかし」と思われたように、私も自分に学問の能力があるとは思えず、学問が成りようがなく、すでに地獄に足を踏み込みかけているような状況でした。親鸞はこれしかないと思われて、法然にすがりつくよう信頼されて前に進まれたのだということを、そのころの私は実感していました。その先生についていってだめならばだめでしかたがないというより、それしかもう前へ進むことができない、道がないという感じだったのです。

いまとなれば自分を親鸞になぞらえたのは、はなはだ僭越だと思いますが、その当時はそれどころではないという感じでしたし、僭越、などと気取っている余裕はありませんでした。大きな灯《あか》りを求めて暗闇のなかを歩いていたなかで、八百年も前の『歎異抄』の一節が私を励ましてくれたのです。そのことを私はとても感謝しています。

A先生は、それまで私と面識もなかったのに、親切に私を指導してくださいました。私がお目にかかる直前、「内地留学」という制度を利用して先生は東京教育大学に一年間留学され、まもなく博士号取得に至る時期でした。先生は冗談のように、あなたを指導するのは教育大に対するお礼のつもりですよ、と言われたことがあります。そうかもしれません。しかし私は、ただひたすら先生の恩恵を受けることができたのです。

四年後、私自身が博士号を取得し、大学に職を得ることができた時、これからは私にできる学問研究の指導において世の中の人たちに恩返しをしようと思いました。

すると不思議なことに、いままでそれほど見えなかった他の先生たちのご恩も見えるようになってきたのです。なかでも博士論文審査の主査になってくださったB先生が、いかに私を見つめていてくださっていたのか、それがわかるようになりました。

またB先生の奥様にも感謝しています。私は博士課程に入学が決まる前に、用事があってB先生のお宅に緊張しながら電話をかけたことがあります。はじめてだったのではないかと思いますが、すると奥様が、「あ、今井さんね」と明るく応対してくださったのです。そうだ、電話の応対はこのようにあるべきだと、いまだに記憶があらたです。

法然も、それまで会ったこともなかった親鸞を導いたのです。親鸞にすればこんなにありがたいことはなかったでしょう。やがて、自分が導かれたように、今度は自分が多くの人びとを導く番だと思ったのではないでしょうか。

私がA先生の指導を受け、『歎異抄』の一節によって自分を励ますようになってからすでに四十数年が過ぎていました。この間、気持ちの上で多少の余裕ができると、親鸞が法然に巡り会ったころのことがしきりに思われるようになりました。もう一度繰り返せば、「たとい、法然聖人にすかされまい

法然(『拾遺古徳伝絵』より。茨城県鉾田市鳥栖・無量寿寺蔵)

親鸞が生涯の師として崇敬した法然の、慈悲に満ちた表情の姿です。『拾遺古徳伝絵』は法然の伝記絵巻で、親鸞が法然の正しい後継ぎであることを主張するために、14世紀のはじめに覚如が作成しました。中世の古写本が何点かあります。無量寿寺本は、惜しいことに火災にあってしまって部分的にしか残っていませんが、『拾遺古徳伝絵』の原本ではないかという説が出たほど秀逸な作品です。

らせて、念仏して地獄におちたりとも、さらに後悔すべからずそうろう」──このことばに私は親鸞が法然に会えた喜びと、それまでの苦悩の遍歴を思っていつも感動するのです。

二　弟子の尊重

親鸞は弟子一人《いちにん》ももたずそうろう。

（『歎異抄』第六章・真宗聖典六二八頁）

人を育てる

私は大学に二十九年間勤務し、研究、教育、大学行政の三種類の仕事をしてきました。この間そしてその後も、アメリカやヨーロッパ、アフリカ・アジアの諸大学で客員教授として多くの学生の教育に当たってきました。また、私は大学を卒業した当初は高等学校に勤めましたので、高校生を教えたこともあります。最初に教えた生徒は、もう六十九歳になっています。いまだに年賀状を送ってくれる者もいますし、先日には何人か私の講演会に来てくれました。ありがたいことだと思っています。

私の仕事としての研究は、私だけではできません。その意味は、常に他の研究者の研究動向に気を配っていなければならないという意味です。それに他の研究者から受ける恩恵も大きいのです。研究は個人的な仕事のように見えますけれども、実は人間関係のなかで進められるのです。他の人は尊重されなければなりません。

このような観点から言えば、教育はさらに人間関係が大切です。縁あって弟子となった人をいかに育てるのか。私の研究の専門分野は歴史学、特に文化史です。日本のことだけではなくて、世界全体の文化交流のことも考えています。ある地域で政治的・経済的に勢力が盛んになり、それに伴って文化も発展することがあります。それが何十年か続き、場合によっては何百年か続いて、やがて没落していきます。『平家《へいけ》物語』の最初に、「祇園精舎《ぎおんしょうじゃ》の鐘《かね》の声《こえ》、諸行無常《しょぎょうむじょう》の響《ひびき》あり。娑羅双樹《さらそうじゅ》の花の色、盛者必衰《じょうしゃひっすい》のことわりをあらはす」とありますが、まさにそのとおりと、歴史学的観点からは言うことができます。

後になってからはバブルの時代と言われましたが、日本も一九八〇年代を中心にしてずいぶん栄えました。そして、いまでも経済的には豊かな国です。しかし、精神的にはいろいろな問題が出てきました。日本の繁栄の頂点は過ぎたのか、と多くの人たちが思っているのではないでしょうか。

最近、中学校で、先生がある生徒をしつこくいじめていたことが原因で、その中学生は自殺したという報道がありました。なぜこんなことになってしまうのでしょうか。明日の時代を担う若者の教育こそ、私たちの行うべきもっとも大切な仕事の一つです。それがこんな状態では、ほんとうに日本は没落していくぞと、歴史家としての私は思います。

もちろん、このような状態を無視することはできません。私は私にできることをするべきだと、いかに若者を教育するかということを考えています。もちろん技術も重要ですけれども、まずは教師側の心の持ち方こそ大切なのではないでしょうか。

繰り返せば、縁あって弟子となった人をいかに育てるのか。これは常に私の課題です。会社でも、上司が部下を育てる社会から、能力のある人間を雇う社会に移りつつあるように見えますが、それにしても教育ということが消えてなくなることはありません。

そこで『歎異抄《たんにしょう》』第六章の親鸞《しんらん》のことばを手がかりに、「弟子」について考えてみたいと思います。

弟子の奪い合い

『歎異抄』第六章は、「専修念仏《せんじゅねんぶつ》のともがらの、わが弟子ひとの弟子、という相論《そうろん》のそうろうらんこと、もってのほかの子細《しさい》なり」（真宗聖典六二八頁）という文章で始まります。〝念仏を教えて師と呼ばれている者たちが、弟子の取り合いをして、「あれは私の弟子だ、他人が自分の弟子だと言っているのはけしからん」などと言っていることがあるらしいけれども、それはとんでもないことです〟という内容です。

「そうろうらん」という文章の「らん」というのは推量の助動詞ですから、つまりは親鸞は実際に取り合いの場面を見たのではなく、噂を伝え聞いて、困ったことだと判断したのです。

そしてその文章に続けて親鸞は、「私親鸞は、弟子は一人も持ってはおりません」と言い切っています。その理由について親鸞は次のように述べたとあります。

わがはからいにて、ひとに念仏《ねんぶつ》をもうさせそうらわばこそ、弟子《でし》にてもそうらわめ。ひとえに弥陀《みだ》の御《おん》もよおしにあずかって、念仏もうしそうろうひとを、わが弟子ともうすこと、きわめたる荒涼《こうりょう》のことなり。

（真宗聖典六二八頁）

「確かに私が人に念仏を称《とな》えることを勧めているのですけれども、その本質は、私の力で称えさせることができたのではないのです。阿弥陀如来《あみだにょらい》がその人をうながしてくださったからこそ、念仏を称えているのです」。ですから、その人を「私の弟子だ、私の力で念仏を称えさせたのだ」と主張するのはとんでもないことです、と親鸞は言うのです。続いて、

つくべき縁あればともない、はなるべき縁あれば、はなるることのあるをも、師をそむきて、ひとにつれて念仏すれば、往生《おうじょう》すべからざるものなりなんどいうこと、不可説《ふかせつ》なり。如来よりたまわりたる信心を、わが

ものがおに、とりかえさんともうすにや。かえすがえすもあるべからざることなり。（真宗聖典六二八―六二九頁）

「一緒にいるのも、離れてしまうのも、それぞれが持っている縁なのです」。離れていく者に「他の人のもとへ行って念仏を称えたら往生できないぞ」などと言うのは言語道断《ごんごどうだん》、そんなことを言ってはいけません、と親鸞は説いています。「阿弥陀如来からいただいた信心を、さも自分が与えてやったような顔をして取り返そうというのはあってはならないことです」とも、強い調子で述べています。

確かにそのとおりだと私は思います。思いますけれども、親鸞は鎌倉時代の社会に生きていて、そのなかで教えを説いていた、ということも考え合わせるべきであると思います。つまり、当時、檀家《だんか》はいなかったのです。信者によって毎日の信仰生活が支えられ、またご飯を食べることができる布教者も多かったのです。信者は気まぐれです。現在の師匠より、もっとすぐれている、説教の巧《たく》みな者が現われたら、簡単にそちらへ移ってしまいます。そのような社会だったのです。「ひとにつれて念仏すれば、往生すべからざるものなり」とは、私には弟子を取られた者の悲鳴のように聞こえます。

教育の現場で

私が高校教員になったばかりの年のことです。私の担当は日本史でした。大学の時は日本の中世史が専門で、卒業論文は一向一揆《いっこういっき》について書きましたので、中世の鎌倉時代や室町時代のことならば多少の自信はあったのですが、授業では原始時代から始めなければなりません。そこでノートを作り、見開きの左側のページには教えるべき内容を書き入れ、右側には黒板に板書する文章をまとめました。

本屋さんへ行って必要そうな部分を立ち読みしたり、大学時代の時のように古書店へ行き、生徒に見せられるような歴史写真集を物色したりするなど、私は必死になって授業の準備をしました。

その年の夏休みの夏期講習に日本史も予定され、同じように準備していたのですが、その授業の講師には、他の高校のベテランの先生が招かれました。私の赴任していた高校は新設校でしたし、年配の日本史の先生もいなかったので、校長が新米の私の実力を不安に思ったのでしょう。

私は自分が夏期講習も担当すると思っていてそれなりに準備をしていましたので、かなりのショックを受けました。生徒には「どうして今井先生が夏期講習を担当しないのですか」と言われました。そんななか、招かれたベテランの先生に「君にだってできるよ」と言われると、よけいに落ち込みました。

大学の教員になってから、ある高校の日本史の冬期講習に、今度は講師として招かれ、一週間ほど講習を行いました。二日目、三日目となるにしたがって受講生が増えました。わかりやすい、ためになる、と受講生が言うのです。正直なところ、うれしく思いましたが、その高校の日本史担当の先生は一度も顔を見せませんでした。私に任せて冬休みは楽ができると思っていたのかもしれませんけれども、実際のところはわかりません。でも私は高校教員時代を思い出し、無神経なことをしているのだろうか、と心が痛みました。

話は変わりますが、筑波大学に移ってから、教え子のC君が、高校の非常勤講師になり、日本史を教えていました。毎回、丁寧に作ったプリントを配って授業をしているのですが、ある時、C君は妙なことに気がつきました。C君が担当しているクラスのかなりの生徒が、同じ高校のベテランの日本史の先生のプリントをもらって勉強しているのです。そのベテランの先生は、受験技術にすぐれていると評判の先生なのだそうで、生徒は「C先生が担当なんて、自分たちは運が悪い」と言っています、とC君は私のところへ来て沈んだ顔をしていました。

弟子を尊重するということ

前に私は大学院生の時にA先生に指導していただいたおかげで研究が進んだ、ということを書きました。いまでもA先生には大変感謝しています。

しかし、考えてみますと、私はA先生に褒められたことはないような気がします。「君はすばらしい」とか「君のそのアイデアがいいのだ」などということばは、A先生からいただいたことがないのです。いつのまにか私の才能（才能があるとすれば）を引き出してくださり、私の研究が進むように仕向けてくださっていたのです。

結局のところ、才能は他人が与えることはできません。自分のなかで自分が発見するか、自分の外の世界との葛藤のなかで獲得していくか、どちらかです。A先生は、私が自分で発見し、獲得するようにしてくださったのです。

私はできるだけ学生と話をするようにしています。その学生は若者であり、中年であり、壮年である場合もあります。その話し合いのなかで、学生の才能を見出す工夫をします。どのようにすればそれが獲得できるか、その方法を探し、見つかれば、それを形にする工夫を考えます。

この経過のなかで、私には二つの喜びがあります。それは第一に、才能を発見した時の喜びです。第二は、それが形となった時の喜びです。たとえば、論文として結実したような時は、とてもうれしいものです。

でも私は思うのです。私が学生に才能を与えたのではなく、学生が才能を発見し、獲得するほんのちょっとのお手伝いをしたに過ぎないのです。私の力など微々たるものです。学生が才能を持ち、あるいは獲得するのは、とても人間の力のなせるわざとは思えません。いったい人間の誰がそれをさせることができるでしょう。前述した『歎異抄』の「如来よりたまわりたる信心」に当てはめさせてもらえば、「如来よりたまわりたる才能」だと私は思っています。すべての学生は、内容は異なっても、「如来よりたまわりたる才能」を持っていると思います。学生は尊重され、大切にされねばなりませんし、先生より低い価値の存在と見ることはできません。さらに言えば、学生に限らず、すべての人間は大切にされねばなりません。

実は私にとってもう一つの喜びがあります。それは学生がしだいに自分の才能に目覚め、花開かせていく時、「自分にもできる、自分の工夫・努力によってこのようにできたのだ」と思ってくれることです。私は、先生である私の指導のおかげだと学生に恩にきてほしいとは考えてはいません。もちろん学生に傲慢《ごうまん》になってほしいと思っているのではなく、自分の未来を切り開く自信を持ってほしいのです。

指導者としての私の仕事は、どんな内容であっても学生の才能を見出してあげること、そして学生に前進する自信を持たせることだと思います。学生に感謝されることを期待することは、私の仕事に入っていません。

逆に、私は、学生によって無上の喜びを与えられているのです。ですから、学生はありがたい存在と言わねばなりませんし、学生は私が教えてやっている弟子である、などと低く見ることはできないのです。

さらに言えば、私は自分が直接担当している学生はもちろん、それ意外の学生にも平等に接するように心がけています。私はできるだけのことを行い、学生の才能が花開くように願っているのです。

つくべき縁とはなれるべき縁

しかし、いくら私が頑張ってみても、学生が自分から離れ他の先生についていくことがあります。それはそれでしかたのないことだと思うのです。その学生にとって、私ではなく他の先生の指導の方がよいと判断したのでしょうから、その学生の判断を尊重すべきでしょう。

親鸞も次のように言っています。

つくべき縁《えん》あればともない、はなるべき縁あれば、はなるることのある

（真宗聖典六二八―六二九頁）

「一緒になる縁があれば共に行動しますし、離れなければならない縁があれば離れる、ということがありますよ」。

また『歎異抄』第二章の末尾に、親鸞が、

弥陀《みだ》の本願《ほんがん》まことにおわしまさば、釈尊《しゃくそん》の説教《せっきょう》、虚言《きょごん》なるべからず。仏《ぶっ》説《せつ》まことにおわしまさば、善導《ぜんどう》の御釈《おんしゃく》、虚言したまうべからず。善導の御釈まことならば、法然《ほうねん》のおおせそらごとならんや。法然のおおせまことならば、親鸞がもうすむね、またもって、むなしかるべからずそうろうか。

（真宗聖典六二七頁）

「阿弥陀仏の本願がほんとうならば、釈迦の教えは嘘のはずがありません。釈迦の教えがほんとうならば、善導のご説明が嘘になるはずはないでしょう。善導のご説明がほんとうならば、法然が仰ることが嘘になるでしょうか。法

然が仰ることがほんとうならば、私親鸞が話すことがほんとうでないことはないでしょう」と力説した後で、

詮《せん》ずるところ、愚身《ぐしん》の信心《しんじん》におきてはかくのごとし。このうえは、念仏をとりて信じたてまつらんとも、またすてんとも、面々《めんめん》の御《おん》はからいなり

（真宗聖典六二七頁）

「つまるところ、私の信心というのはこのようなものです。皆さんに精一杯お話をしました。ここから先、皆さんが念仏を選び取って信じようとも、また、捨てようとも、皆さんのお考え次第です」と述べています。親鸞の布教態度は他人に強制するのではなく、相手の判断に任せるものだったのです。これはすばらしいことではないか、と私は思います。

ところで、親鸞は貧乏でした。特に晩年の親鸞はその生活費の何割かを関東の門弟たちの送金で支えていたようです。それは親鸞の手紙に、時々、

かたがたよりの御こころざしのものども、かずのままに、たしかにたま

わりてそうろう。（真宗聖典五六〇頁）

「皆さんからのご送金は、お手紙に記してある金額のとおりに受け取りました」などとあることからもわかります。

鎌倉時代には「替銭《かえぜに》」といわれる送金のための為替《かわせ》の制度がすでに作られていました。関東の門弟たちは、この制度を利用して親鸞に送金していたのです。親鸞はそれが断たれることも覚悟の上で、毅然《きぜん》として「弟子一人ももたずそうろう」と宣言したのです。

若者の教育は、まず第一に家庭においてだと私は思います。近年では、家庭でしっかりした教育をせずに、ほったらかし、あるいは甘やかして、問題が出てくると学校に解決を迫るような風潮も出てきています。親がしっかりしなければなりませんが、だからといって学校の先生が工夫しなくてよいわけはありません。

教育はすぐ効果が出てくるとは限りませんので、五年後、十年後のことを思って教育するべきです。そのころになって学生が「先生はあんなことを言っていたな」と思い出してくれればよいと私は思っています。学生の様子を見ながら、あせらずに、しかも教育すべきことは断固として行うべきだと思います。大学を卒業してから学校の先生になった教え子が、私の教え方そのものを参考にしてくれていることを知って、うれしく思った記憶があります。

私の教え子で、高等学校の先生をしている者たちからの情報によりますと、自分の外に対して心を開かない若者がさらに増えている気配がすると言います。同級生の名前を覚えていない、覚えようとしない者がずいぶんいるのだとか。このような状況のなかで、右に述べた「弟子一人ももたずそうろう」をどのように維持していくのか、今後の課題です。

水戸市北部を流れる那珂川

那珂川は茨城県北部の大河で、西に接する栃木県の黒磯市に源を発しています。茨城県に入って親鸞の大山草庵の近くを流れながら、水戸市を通って太平洋に注ぎます。写真は上流に向かって撮ったものです。左岸は水戸市飯富町、右岸は水戸市国井町で、それぞれ昔の那珂西郡、那珂東郡にあたります。かつて、これらの二つの郡、および北の五つの郡を総称して奥七郡、または奥郡と言いました。水戸市の途中から下流の地域一帯は吉田郡として独立していました。唯円が活躍した河和田は、那珂西郡と吉田郡の境にありました。

三　悪人とは何か

善人《ぜんにん》なおもて往生《おうじょう》をとぐ、いわんや悪人《あくにん》をや。

（『歎異抄』第三章・真宗聖典六二七頁）

親鸞の悪人正機説

「善人だって極楽往生できるのに、どうして悪人ができないことがありましょうか」。

この『歎異抄《たんにしょう》』からの引用文は、有名な悪人正機説《あくにんしょうきせつ》です。皆さん方のなかには、「自分を悪人と思いなさい」と言われてきた方は多いのではないでしょうか。親鸞《しんらん》の宗教は、「人間は悪人である」と深刻に受けとめることがもとになっています。むろん、それは「私は罪悪深重《ざいあくじんじゅう》の凡夫《ぼんぶ》」という意識が根底にあります。その私を阿弥陀仏《あみだぶつ》が広大無辺《こうだいむへん》の慈悲《じひ》をもって救ってくださるのです。

たしかに「自分を悪人と思いなさい」ということは、間違いではありません。私の仕事の一つは大学で日本史およびその関連の講義をすることにありました。私の経歴から言えば、茨城大学で十九年、筑波大学に移って十年、ほとんど毎年親鸞の宗教にもふれてきました。「親鸞の宗教と真宗の歴史」と題して、一年間詳しく講義をしたこともあります。悪人正機説は「悪人こそ阿弥陀仏の救いのほんとうの対象である」「自分を悪人と思いなさい」という内容であるとの話をしても、学生は誰も疑問を持ちません。それだけ親鸞の悪人正機説は有名であり、大学に入るまでに知ってしまっているのです。

ですから、学生は悪人正機説について特別に感動せずに〝そんなものか〟と思っています。それに正直に言ってしまえば、私は、「自分を悪人と思えと言ったって、なかなか本心からは思えないよ」と感じてきました。皆さん方はいかがでしょうか。私は、「何か違うのではないか」とも感じてきました。でも違うのは親鸞の宗教ではなく、おそらく、私たちの理解の仕方です。悪人についての理解が足りないのです。近年、私はかなり後になってからこのことに気づきました。むずかしい話ではなかったのです。

そもそも悪人とは何でしょうか。現代の私たちは、親鸞の時代の悪人についての理解がすっかりわからなくなっていたのです。親鸞が生きた八百年の昔と現代とでは生活も異なり、常識も違います。私たちはいまも昔も同じ日本列島に住んでいますし、同じ日本語を使っています。そこでつい、昔の時代のことを現代の常識で判断してしまうことがあるのです。ですから悪人正機説も、親鸞の時代に戻って解釈してみたいと思うのです。まずは、念のために、従来から言われている悪人正機説を確認しましょう。

悪人こそ往生できる

先ほど挙げた『歎異抄』第三章の文に続いて次の文章があります。

しかるを、世のひとつねにいわく、悪人なお往生す、いかにいわんや善人をや。この条、一旦そのいわれあるににたれども、本願他力《ほんがんたりき》の意趣《いしゅ》にそむけり。そのゆえは、自力作善《じりきさぜん》のひとは、ひとえに他力をたのむこころかけたるあいだ、弥陀《みだ》の本願《ほんがん》にあらず。しかれども、自力のこころをひるがえして、他力をたのみたてまつれば、真実報土《しんじつほうど》の往生《おうじょう》をとぐるなり。（真宗聖典六二七頁）

「それなのに、世間の人は、悪人だって極楽往生するのだから、善人が往生しないことがありましょうか、と言っています。これは理屈が通っているように見えますが、阿弥陀仏の《本願他力》の教えとは違っています。《善人》つまりは自分で善行を積もうという人は、《他力をたのむ心》が欠けて

いるので、《弥陀の本願》ではありません。でも自力の心を反省し、他力をたのめば往生できます」。そして、

煩悩具足《ぼんのうぐそく》のわれらは、いずれの行《ぎょう》にても、生死《しょうじ》をはなるることあるべからざるをあわれみたまいて、願をおこしたまう本意《ほんい》、悪人成仏《あくにんじょうぶつ》のためなれば、他力をたのみたてまつる悪人、もっとも往生の正因《しょういん》なり。よって善人だにこそ往生すれ、まして悪人はと、おおせそうらいき。

（真宗聖典六二七―六二八頁）

「私たちは、何と大小の悪いことをしてきたことでしょうか。それは自分がすべての煩悩を持っているという本質的に悪い存在だからなのです。これではどんな修行をしても極楽へは往生できません。でもそんな悪人である私たちをあわれんで、阿弥陀如来は救ってくださるのです。阿弥陀如来の真の目的は悪人を救うことにあるのです。善人だって往生できるのですから、まして悪人が往生しないことがありましょうかとおっしゃったのです」と『歎

異抄』第三章は結んでいます。

親鸞の手紙のなかにも、同じような内容の文章がいくつもあります。たとえば建長四年八月十九日の手紙に、

はじめて仏のちかいをききはじむるひとびとの、わが身のわるく、こころのわるきをおもいしりて、この身のようにてはいかが往生せんずるというひとにこそ、煩悩具したる身なれば、わがこころのよしあしをば沙《さ》汰《た》せず、むかえたまうぞ。（真宗聖典五六一頁）

「はじめて宗教的に自覚した人が、自分の罪が深く、心の穢《けが》れていることに気がついて、自分のような者がどうして往生することができようかという人に対してこそ、もともと煩悩はすべて持っているのであるから、心の善悪を問わずに極楽浄土に迎えとってくださるのです」とあります。

現代の犯罪

現代の私たちの社会は多くの問題を抱えています。もっとも、多くの問題を抱えていない時代などなかったと思うのですが、そのなかでも、凶悪な殺人事件には眉をひそめざるを得ません。

もう十年余り前になりますが、凶悪な殺人を重ねた犯人が裁判で死刑を宣告され、弁護士の上告の勧めも振り切ってその判決を受け入れ、死刑が執行されたということがありました。常識的な意味で犯罪について反省したのではなく、お詫《わ》びのことばは一切なかったといいます。生きている価値がないので死刑にしてくれと望んだそうです。犯人は悪人——なのでしょうか。弁護士さんたちの説得にもかかわらず、なぜ反省しなかったのでしょうか。

また中学生や高校生が親を殺す事件も起きています。高校生が父親の首に包丁で切りつけた、という事件が続けて二件起こったこともあります。そのうちの一件は、父親が洗面所で顔を洗っている背後から殺そうと思って切りつけたのだそうです。理由は、父親が勉強しろとしきりに言うのでうるさいから、だったといいます。もう一件の理由も同じでした。この高校生も悪人――でしょうか。そんなことで親を殺そうとするとは、いったい彼らの心はどうなっているのでしょうか。

他人の首を絞めると息ができなくて苦しむ、それを見るのが快感、ついには何人も殺したとか、死体を見たいから殺した、という者たちもいました。若い親が遊技場で楽しんでいる間に、車に残された幼児が熱中症で亡くなったというような事件はあとをたちません。両親が遊びに出かけた午前十時ごろ、家に残された一歳と二歳の子どもが火事で焼け死んだ、玄関にはカギがかかっていた、などというニュースが流れたこともあります。この若い両親も悪人――でしょうか。

「悪」は褒めことばでもあった?

鎌倉時代に「悪」はどのような意味を持っていたのか調べてみましょう。もちろん、今日的な「悪い」という意味はありました。それとともに、もう一つの意味もあったのです。次のような話があります。

二〇〇五年のNHKテレビの大河ドラマは源義経《みなもとのよしつね》を主人公にしていました。彼は兄弟が多かったのですが、いちばん上の兄である源義平《よしひら》は、相模国《さがみのくに》(神奈川県)鎌倉に住んで鎌倉悪源太《あくげんた》と呼ばれていました。長男ですので太郎、源氏の太郎ですから源太です。では義平はなぜ「悪」と呼ばれていたのか。それはよほど悪い男だったからでしょうか。いいえ、違うのです。

そのころ、鎌倉を根拠地として関東南部に勢力を持っていた源義朝《よしとも》と、上野国《こうづけのくに》(群馬県)を根拠地にして北部に勢力を張る源義賢《よしかた》が争っていました。そしてとうとう両者の間には戦いが始まりました。たまたま義朝は京都に行っていましたので、代わって長男でまだ数え十五歳の義平が大将となって戦い、激戦のすえ義賢を討ち滅ぼしてしまいました。義賢は戦《いくさ》がたいへん強いと有名でしたので、その義賢をわずか十五歳で討ち滅ぼしたということで、義平は一挙に有名になりました。その後、源義朝と平清盛《たいらのきよもり》が戦った平《へい》治《じ》の乱《らん》で、清盛方が攻め込んでくると、義朝は頼りにしている義平に「悪源太はなきか」「あの敵追出せ」と命じます。その声に応じて現れた義平は、大音声《だいおんじょう》をあげて、「此手の大将は誰人《だれびと》ぞ、名のれきかん。かう申は清和天皇九代の後胤《こういん》、左馬頭《かみ》義朝が嫡子《ちゃくし》、鎌倉悪源太義平と申者也。生年《しょうねん》十五のとし、武蔵国大蔵《おおくら》の軍の大将として、叔父太刀《たち》帯先生《わきせんじょう》義賢《よしかた》をうちしより以来《このかた》、度々の合戦に一度も不覚《ふかく》の名をとらず。とし積て十九歳、見参せん」

と名のりをあげ、わずかの家来とともに敵の大軍の「真中《まんなか》へ破《わっ》ていり、西より東へ追まくり、北より南へ追まはし、たてざま横ざま十文字に、敵をさと蹴《け》ちらし」（岩波文庫本『平治物語』巻中）た、といいます。

「常識でははかり知れない、信じられないくらい戦が上手な義平」というのが「悪源太」の意味なのです。つまり、「悪」とは褒めことばでもあったのです。ちなみに義賢は、母親は異なりますが義朝の弟で、木曽義仲《きそよしなか》の父親でもあります。父親が討《う》たれたので、まだ幼児の義仲は乳母に抱かれて信濃の木曽地方まで逃げたといいます。

またそのころ、藤原頼長《ふじわらよりなが》という貴族がいました。彼は左大臣という高い職についていまして、「悪左大臣」と呼ばれていました。ではなぜ悪左大臣と呼ばれたのか。悪い男だったからでしょうか。これも違います。彼は学問が非常によくできました。『保元物語《ほうげんものがたり》』巻上（岩波文庫本）に、頼長のことについて次のように描写してあります。

宇治の左大臣頼長と申《もうす》は（中略）、人がらも左右《さう》に及ばぬ上、和漢《わかん》ともに人にすぐれ、礼儀を調《ととの》へ、自他《じた》の記録にくらからず。文才世に知られ、諸道に浅深《せんじん》をさぐる。朝家《ちょうか》の重臣《じゅうしん》、摂録《せつろく》の器量《きりょう》也。（中略）鎮《とこしなへ》に学窓《がくそう》に籠《こもっ》て、仁義礼智信《じんぎれいちしん》をたゞしくし、賞罰勲功《しょうばつくんこう》をわかち給《たまい》、政務《せいむ》きりとほしにして、上下の善悪を糺《ただ》されければ、時の人「悪左大臣」とぞ申《もうし》ける。

なぜこんなにすぐれているのだろう。「常識ではかり知れない、信じられないくらい学問がよくできる左大臣」頼長というのが、「悪左大臣」の意味なのです。悪源太と同じく、悪左大臣も褒めことばだったのです。

　私は、授業で悪源太も悪左大臣も何度も取り上げていました。平安時代末期から鎌倉時代の人たちの常識や心を知る上で、とてもよい例となるからです。でも親鸞の悪あるいは悪人と直接結びつけてはいませんでした。いまとなってみれば、考えてみるまでもなく親鸞は褒めことばとしての悪を知っていたはずだ、と私は思います。その上で悪人について思いをめぐらせていたはずです。

人間世界の外から働きかける力

十数年前に亡くなられた日本史研究者に網野善彦《あみのよしひこ》氏という方がおられます。網野氏は、従来の日本史研究の常識を破る、しかも妥当な、多くの新しい見解を発表されました。

網野氏が主張されたことの一つに、「悪」についての見方があります。それは「常識でははかり知れない」能力というのは、人間そのものが発揮するのではない。人間世界の外の強い力が人間に働きかけて、異常な力を発揮させるのだと鎌倉時代の人たちは考えていたという見方です。そして、その働きかけが人間にとってよい結果となるのか、よくない結果になるのか、それはその時々の情勢による。その結果がよければまわりの人びとは褒めそやすことになる。よくなければ恐れ、非難することになる。「悪」は褒めことばでもあり、非難することばでもあったというのは、こういう理由からなのです。

自分で反省できるような悪はたいした悪ではないのです。『歎異抄』第十三章に、親鸞が「唯円よ、私の言う言葉を信じますか」と聞くと唯円は「もちろんです」と答えた、という話が載っています。親鸞が「間違いないですね」と念を推しますと、唯円は「間違いありません」と答えます。続いて、

【親鸞】「たとえば、ひとを千人ころしてんや、しからば往生は一定《いちじょう》すべし」

【唯円】「おおせにてはそうらえども、一人《いちにん》もこの身の器量《きりょう》にては、ころしつべしとも、おぼえずそうらう」

という会話が続きます。「人を千人殺せば極楽往生が保証されると言われたら、それを実行するか」という問いを発し、唯円が「いや、とてもできません」と答えたのです。すると親鸞は、「さてはいかに親鸞がいうことをたがうまじきとはいうぞ（それならどうして私の言うとおりにすると言ったのです

か)」と叱り「これにてしるべし(これでわかったでしょう)」と唯円を諭《さと》します。

なにごともこころにまかせたることならば、往生のために千人ころせといわんに、すなわちころすべし。しかれども、一人《いちにん》にてもかないぬべき業縁《ごうえん》なきによりて、害せざるなり。わがこころのよくて、ころさぬにはあらず。また害せじとおもうとも、百人千人をころすこともあるべし

(真宗聖典六三三頁)

「誰であっても、自分の思うとおりに行動できるのであったなら、往生のために千人殺せと言われたら、殺せるでしょう。でも、一人でも殺すことのできる宿業《しゅくごう》の因縁《いんねん》がないので、殺せないのです。自分の心が立派だから殺せないのではないのです。逆に、殺そうとは思わなくても、百人・千人と殺してしまうこともあるでしょう」。このように親鸞は教えました。

人間は自分では自分の行動を決めることはできないのです。それを『歎異

抄』第三章では「煩悩具足《ぼんのうぐそく》」だからと説いています。煩悩は人間の意志によって持っているものではありません。第十三章では、「善悪の宿業」「業縁」などと述べられています。前世からの因縁が現世の私たちの行動を決めているのです。

「悪」は、人間の力ではどうしようもないのです。このことは親鸞だけでなく、彼が生きた時代の人たちの常識でありました。

私たちが自覚すべきは、私たちの行動は私たち自身が決めることはできないのだ、ということではないでしょうか。私たちは自分で自分を救うことはできない。それだからこそ、阿弥陀仏の救いがそこにあるのです。現代の凶悪犯についても、また悩む若者についても、彼らを責めるだけでは問題は解決しません。外に向かって心を開く教育を幼い時から行うことこそ、全体としての問題解決に近づくと私は考えています。

誤解を恐れずに言えば、自分が悪人であることを自覚するより、人間世界

塩街道（水戸市河和田町榎本）

報佛寺の西側にある古くからの街道です。常陸国南部の鹿島灘《かしまなだ》沿岸の海産物や、塩田の塩を販売する商人と運送業者が盛んに通っていました。この街道は下野国（栃木県）・上野国（群馬県）まで伸びて商品が運ばれていました。現在の道幅は一間（約1.8メートル）ほどで、まさに昔の街道そのままが残っています。唯円は農民・山村民あるいは商人・運送業者と身近に接するところに本拠を置いていたのです。報佛寺は正面右奥の林のなかです。

を超えた世界に対する畏《おそ》れを自覚することが先ではないでしょうか。

ついでに言えば、悪人正機説は親鸞の考えに出たものとされてきましたが、現在では、悪人正機説は法然とその門弟に一般的な考え方であった、とする説が有力になっています。悪人正機説は親鸞の専売特許《せんばいとっきょ》ではなかったのです。それは法然の書いたもののなかに、悪人正機説を思わせる文章があるからです。また、新たに発見された法然の伝記『醍醐本法然上人伝記《だいごぼんほうねんしょうにんでんき》』第七条と第二十七条に、悪人正機説が繰り返し説かれています。

ただ私は、悪人正機説が親鸞の独創であるとして伝えられてきたことには大きな意義があると思っています。

四　耳の底

故親鸞聖人御物語の趣《こしんらんしょうにんおんものがたりおもむき》、耳《みみ》の底《そこ》に留《とど》まるところ、いささかこれをしるす。

（『歎異抄』序・真宗聖典六二六頁）

唯円がなぜ『歎異抄』をまとめたのか

次に『歎異抄《たんにしょう》』の序文にまつわるお話をしたいと思います。序文は漢文で読みにくいので、平仮名まじりの読み下しにしました。

この序文は、著者の唯円《ゆいえん》がなぜ『歎異抄』をまとめたのかという理由を書いたものです。正直なところ、いままでそれほど注目されてこなかったのではないでしょうか。しかし、私は、私たちが現代を生きていく上で重要な内容が込められていると思うのです。その手がかりは「耳の底」ということばです。

先日、大相撲の平成十七年九月秋場所の千秋楽《せんしゅうらく》がありました。この場所で、昔の大鵬《たいほう》と並ぶ六場所連続優勝をねらう横綱朝青龍《あさしょうりゅう》は、十二日までに二敗していました。その日までは、琴欧州《ことおうしゅう》というブルガリア出身の力士が全勝街道を突っ走っていました。しかし、琴欧州は緊張のあまりか連敗し、精神力で持ちこたえていた朝青龍と優勝決定戦を行うことになりました。そして最後は朝青龍が琴欧州を力強く押し出し、みごとに逆転優勝をかざりました。

しばらくして、表彰式の出番を花道の奥で待つ朝青龍をテレビが映し出しました。朝青龍のにこやかな顔が大映しになった時、その顔が突然崩れ、彼は持っていたタオルで目頭を押さえてしばらく動きませんでした。朝青龍の泣いた顔を見たのははじめてだと、テレビのアナウンサーも息をのんだ気配でした。

表彰式の途中で、例によって優勝力士インタビューがあり、朝青龍は「二敗した時にもう優勝はあきらめていました。でも若い衆が、明日から初日のつもりでやりましょう、と言ってくれました」。そして「皆さん（観客）の声援が耳の奥まで届いていました。（それで）がんばりました」と感激の様子で語ったのです。

「耳の底」と「耳の奥」。ここには私たちが思い起こさなければならないものがあると思います。

ことばで聞く

序文には、まず、〝親鸞の教えは近年どうも誤って伝えられているように思えてならない、歎かわしいことだ、これでは教えを受ける人たちが迷ってしまうだろう〟とあります。

竊《ひそ》かに愚案《ぐあん》を回《めぐ》らして、ほぼ古今《ここん》を勘《かんが》うるに、先師《せんし》の口伝《くでん》の真信《しんしん》に異なることを歎《なげ》き、後学相続《こうがくそうぞく》の疑惑《ぎわく》あることを思《おも》うに、幸《さいわ》いに有縁《うえん》の知識《ちしき》によらずは、いかでか易行《いぎょう》の一門《いちもん》に入《はい》ることを得《え》んや。（同前）

「愚案」というのは、著者唯円の考えのことで、「先師」というのは亡くなった師匠、つまりは親鸞のことです。後に真宗で「先師」といえば、自分が教えを受けた師匠を指すことが慣例となりました。引用部分の後半は「縁があって師匠となってくださったすぐれた人の導きによらなければ、どうして正しい念仏の教えに入ることができましょうか」という意味です。

ここでは「口伝」、つまりは教えを師匠から口頭で授けられることと、「知識」、つまりは教えを授けてくださる師匠が重視されています。師匠の責任は重大です。

続いて、次の文章があります。

全《まった》く自見《じけん》の覚悟《かくご》をもって、他力《たりき》の宗旨《しゅうし》を乱《みだ》ること莫《なか》れ。（同前）

「自分勝手に親鸞の教えを解釈し、正しい念仏の教えを乱してはなりません」という意味で、著者唯円は、親鸞の門弟たちの誤りを非難しています。

また、ここで唯円は、私こそ親鸞の教えを正しく受け継いでいる、と主張します。なぜなら「故親鸞聖人御物語の趣」が「耳の底に留ま」っているからだ、と言うのです。「そのなかのほんの少しではありますが、ここに記します」と謙遜しつつ述べて、最後に、

ひとえに同心行者《どうしんぎょうじゃ》の不審《ふしん》を散《さん》ぜんがためなり。（同前）

「間違った指導を受けて、何か変だ、と思っている人たちの疑念を晴らそうというのが執筆の目的です」と結んでいます。

親鸞の門徒のなかでは、「面授《めんじゅ》」ということが重要視されました。親鸞に対面して教えを授けていただく。これが面授です。門弟から見れば教えを受けるのですから、「面受」とも言いました。史料的には「面受」という表記の方が多いのですが、いつのまにか「面授」で固定してしまいました。

師匠から直接教えを受けたこと、それはとてもありがたいことであるというのは、いつの時代にも共通した感覚でしょう。親鸞が活躍した鎌倉時代は、宗派を問わずその感覚が強い時代でしたし、なかでも真宗門徒の間ではそう

でした。

面授の門弟は、「面授」であることが誇りでした。他の門徒たちも敬意を持って面授の門弟に対したようです。その門弟の耳の底に留まっているのが先師である親鸞の教え、すなわち金言です。

「おれについてこい」から携帯へ

私は、中学から高校にかけて六年間、バレーボール部に入っていました。昭和三十年代でしたので、いまとは違い、バレーボール部は体育館のなかではなく、外のコートで練習するのが普通でした。冬は寒く、手は痛く、指と指の間が切れることもありました。そのような時は絆創膏《ばんそうこう》を二本の指に巻きました。親指と人差し指の間が切れた時は、絆創膏を巻きようがないので、セメダインで傷口を固め、夏は照りつける太陽の下で汗を流し、目がくらみながらも練習を続けました。

高校二年生の時からの監督は、身長百八十センチ以上もあり体重もある大柄な人（名を仮にD監督とします）でした。無慈悲に（と、ご本人が言っていました）、厳しく部員たちを指導しました。まだ大学生で親しげな人だったのですが、信念を持っている気配で、指導方法についてはあまり説明もせず、また妥協もしませんでした。部員は、要所でのD監督の話を懸命に聞き、練習に励みました。当時は、「練習中は水を飲んではいけない」というのが一般的でしたので、私は主将を務めていたこともあって、部員の声を代表して「水を飲ませてください」などと懇願した記憶があります。「そこのバケツの水を飲め」と言われて、みんなで分けて飲んだこともあります。汚いなんて言っていられません。

結果、このバレーボール部はとても強くなり、最後の東京都の大会では準優勝しました（私は東京の高校に通っていました）。何よりも部員はD監督を信頼していました。またD監督も私たちに気をかけてくれていました。たとえば夏休みには練習の前に毎回、上級生を喫茶店に集めて英語のテキストを読む指導をしてくれました。いまでもそのテキストの内容を覚えています。アメリカの作家ホーソーンの短編小説です。

　私はこのD監督からずいぶん影響を受けた気がします。D監督から「やるときはやるんだ」と何度も教えられました。バレーボールのことだけではありません。人生の歩み方についてのことです。強く指導しながら、また会話をしている場面でも、ときどき「ハハハ」と軽く笑っているのが印象的で、陰鬱《いんうつ》にならずに、楽に先へ進める感じでした。

「やるときはやるんだ」というのが、いまでも私の生き方の目標になっている気がします。「このように行動するべきだと判断したならば、他のことは何をさておいても、実行する」ことがよいと私は思っています。もちろん、重大な問題であるならば実行するまでには十分に考えなければなりません。

それに、実際にはなかなかそううまい具合にいかないこともあります。でも「やるときにはやるんだ」ということばが、いまでも私の耳の底に残っています。

一九六四（昭和三十九）年、オリンピックでバレーボールの日本女子代表チームを優勝させた大松博文《だいまつひろふみ》監督の著書『おれについてこい！』がベストセラーになりました。

時代は移り、まもなく「最近の高校生は説明しなければ動かない」と各校の監督さんたちが言うようになり、その高校生たちは、やがて大学に入ってきました。そのうち私は奇妙なことに気がつきました。彼らは、ものごとは何でも説明してもらえる、特に「重要なことは必ず説明してもらえる」と思っているのです。

さらに時代は移り、「説明されないものごとは無視してよい」と思う学生が増えました。連絡事項を掲示板に掲示しても、見なくなりました。いや、見てはいるのですが、事実上無視しているのです。〈目の底に残していない〉のです。必要なことならば先生や事務の人たちが何とかしてくれると思っています。いくら口頭で注意しても、掲示板から自分に必要な情報を取ることができません。彼らは生まれてから二十年間、そのように教育されてしまっていたのです。

ついに、必要事項は掲示板ではなく、携帯電話のメールでお知らせする大学も現われるようになりました。学生が自分で必要な情報を取るのではなく、与えられるままに動く、という状況が広まりつつあります。ケータイ（携帯電話）はあっというまにスマートフォンに変わりました。

また、二〇一九年からは完全なゆとり世代といわれる世代、つまり小学校一年生から中学三年生まで週五日制で教育を受けた大学生が社会人となっていきます。彼らの心情はどのようなものでしょうか。

会話の重要性

大学在職中、私は学生との話し合いを重視しました。学生が約束なしに私の部屋に来ることも多いのですが、会議の時以外は仕事を中断しても学生の話を聞くことにしていましたし、「いつでもいいから、何かあればとにかく来なさい」と言っていました。そして彼らに必要なことが、情報として彼らの印象に残るような話し方をするように心がけ、「先生の話を聞いて、必要な情報は自分で取れたんだ」と思ってもらえるようにしました。

現代社会の混乱の原因の一つは、人間関係が取れなくなった人が多くなったからでしょう。話し合いができない。何が大切なことか話し合いのなかからつかめない。他人の話を聞いていないのです。聞いて自分で信ずることができません。それは、たとえばこのようなことがあります。私は毎年のように数人程度の学生の卒業論文の指導をしてきました。十二月下旬の提出ですから、秋には文章が少しずつできていくということになります。それを見ている私もうれしい気持ちがしました。定期的に学生の文章を読んで「このように話を進めればよいのではないか」とか、「ここについての分析がもっと必要です」などと指導しました。

卒業論文は、だいたい前年の十月ごろから指導を始め、一年経ったころに実力が急速に伸びる学生が多かったので、卒業させるのは惜しい、と毎年のように思いました。

その一方、ショックを受けたこともあります。卒業論文の下書きについて学生とじっくり話し合い、何カ所かについて私が「このようにした方がいいですよ。この方が内容がよくなります」と言って、学生が「ハイ、わかりました」と喜んで帰っていき、次に書きなおしてきた時には、話し合いの成果が取り入れられていないのです。このようなことが一人だけではなかったのです。

学生の知能の程度が低いかというと、そうではありません。能力はあるのです。しかし掲示板どころか、先生との会話のなかからでさえ、肝心な時に大切な情報を取れない学生が出てきていたのです。

ではどのようにしたらよいのか。子どもの時から、家庭で学校で、そしてお寺で、会話と人の話を聞くことの大切さを強く教えるべきではないか、と私は考えます。

「聞」ということ

親鸞の『一念多念文意《いちねんたねんもんい》』のなかに、『仏説無量寿経《ぶっせつむりょうじゅきょう》』の「聞其名号《もんごみょうごう》」という文を説明して、次のように説いてあります。

「聞其名号《もんごみょうごう》」というは、本願《ほんがん》の名号《みょうごう》をきくとのたまえるなり。きくというは、本願をききてうたがうこころなきを「聞《もん》」というなり。また、き

くというは信心《しんじん》をあらわす御《み》のりなり。（真宗聖典五三四頁）

「〈聞其名号〉というのは、本願の名号をきく、という意味です。阿弥陀仏《あみだぶつ》がなぜ本願を起こされたのか、そしていかに修行されて、いかにその願いが成就されているかの事情を聞いて疑いのないことを〈聞〉というのです。また、〈きく〉というのは信心を表わすという教えのことばなのです」。

『教行信証《きょうぎょうしんしょう》』の「信巻《しんのまき》」にも、次のようにあります。

「聞《もん》」と言うは、衆生《しゅじょう》、仏願《ぶつがん》の生起《しょうき》・本末《ほんまつ》を聞きて疑心《ぎしん》あることなし。これを「聞」と曰《い》うなり。（真宗聖典二四〇頁）

「聞」には疑う心は存在してはならないのです。親鸞の門弟たちにとって「聞」の始まりは、親鸞が語ることを聞いたことでしょう。それが耳の奥底深くに残っている、また残すべきであったのです。人から人へ伝えていくことが重要であり、実はそれが親鸞が活躍した鎌倉時代一般のあり方でもありました。

踊り念仏で知られた一遍が亡くなった時、誰が後を継ぐかが問題になり、多くの人たちが推薦したのが他阿弥陀仏《たあみだぶつ》という一遍の高弟でした。高弟といっても、一遍より二歳も年上で、まわりの人たちは、他阿弥陀仏こそ「直人《ただびと》にあらず、化導《けどう》をうけつぐべき人なりと申しあひけれ（普通の人ではない、すぐれた人だ、一遍という指導者のあとを受け継ぐべき人だと言い合いました）」。また他阿弥陀仏は「眼に重瞳《ちょうどう》うかびて、纖芥《せんかい》の隔《へだて》なく、面に柔和《にゅうわ》を備《そなえ》て、慈悲《じひ》の色ふかし」という指導者の資格十分の様相でした。しかし、他阿弥陀仏はためらうのですけれども、結局引き受けることになりました。彼が決心した根拠は右のようなことではなく、

故聖の金言も耳の底に留《とどまり》侍《はべ》れば、

（『遊行上人縁起絵』第五巻第一段・角川日本絵巻物全集第十三巻）

ということだったのです。「故聖」というのは、「亡くなられた一遍上人」ということで、「金言」というのは「一遍上人のすばらしい教えのことば」と

いう意味になります。そして「耳の底」、まさに『歎異抄』の唯円の場合とまったく同じです。

「一遍上人からお話しいただいた教えが耳の底に留まっていますから、私には上人のあとを継ぐ資格があります」と、このように他阿弥陀仏は述べました。そして時衆（時宗）と呼ばれた一遍の門弟や俗人の指導者となったのです。

意欲のある生き方

鎌倉時代は、紙に書かれた文章でもなく、師匠をしのぶ遺品でもなく、耳の底に残る師匠の教えこそ、もっとも大切なものでした。その前提は師匠と弟子の会話であり、師匠の貴重なことばを聞き逃すまいとする弟子の意欲です。意欲があるからこそ、耳の底に残るのです。意欲があるからこそ、観客の声援が耳の奥まで届くのです。

若者に意欲がなくてどうするのだ、と私は思います。現代は「聞」く意欲どころか、自分の外の世界に対する「疑心」さえ持てない人が増えつつある気がしています。そこで私たちにできることは、若者に話しかけ、聞く耳を持たせることではないでしょうか。もちろん若者だけでなく、壮年の人に対しても同じです。

現代の日本は、経済的には苦しい状況があるとはいうものの、物資は街中にあふれています。食料品も十分にあります。スーパーマーケットやコンビニの食品棚に並ぶお弁当が非常に増えてきています。もちろん商売をされている方々はお客に商品を買ってもらわなければなりませんから、そのことにふれるのは心苦しいのですが、ともかく人間に最低限必要な食事さえ、一人で黙ってお金を出して買うことができます。コンビニでいかに多くの人たちが黙って商品とお金を出し、黙って商品を受け取って黙々と店を出るか。異様な感じがします。

私は、とにかくレジの人と話をします。仕事の邪魔になってはいけませんので、千円札を出して「千円でお願いします」程度ですが。すると何かうれしそうな顔をされる人が多いのが印象的です。

社会の進展を止めることは、個人の力では難しいことですが、それに流されているだけでは状況はますます悪くなるばかりです。些細なことかもしれませんが、話しかけることはできます。そのなかで若者あるいは壮年の人たちに、みんなで生きる意欲を持たせることができるのではないでしょうか。

そういえば、かつては「耳を澄ます」とか「耳の穴をかっぽじって、よく聞け」とか、「耳が痛い」（ほんとうに痛みがあるのではありません）、「耳を貸せ」、あるいは「耳を揃える」などと、耳にかかわることばを、現代よりも多く使っていたような気がします。

相手の耳に届かせる。自分の耳で意欲的に聞く。私は『歎異抄』を読むた

稲田草庵跡付近（笠間市稲田）

親鸞の稲田草庵《いなだのそうあん》は近くの稲田神社の境内または門前にありました。この神社は奈良時代以来の大社で、田だけでも５万坪以上の領地を有していました(畑も多かったとは思いますが、当時、畑は記録に残さなかったのです)。神社には多数の僧侶が住み経典も多く所有していました。親鸞は『教行信証』執筆にあたり、稲田神社の経典も大いに参照したのではないでしょうか。報佛寺には唯円の妻が稲田の親鸞のもとに通い、そのおかげで乱暴者の夫（唯円）も救われた、という話が伝えられています。

びに、いつも序文の「故親鸞聖人御物語の趣、耳の底に留まるところ」に目をとめます。朝青龍の感激の発言は、日本人が忘れつつある大切なものを思い出させてくれました。

五　お賽銭をあげること

いかにたからものを仏前にもなげ、師匠《ししょう》にもほどこすとも、信心かけなば、その詮《せん》なし。

（『歎異抄』第十八章・真宗聖典六三八頁）

日本社会に根づく慣行の強さ

「どんなに宝物を仏前に思い切って捧げ、師匠に差し上げても、信心がないのであれば何の役にも立ちませんよ」。

ここで告白しなければなりません。私は日本人の常としてお寺や神社にお参りすることも多いのですが、お賽銭《さいせん》はあげないのです。お賽銭箱の前に立って、お寺の本堂や神社の拝殿《はいでん》に敬意を表することはいたします。それは人間として当然のことだろう、と思います。でも何のやましいこともないと思いつつ、まわりでお賽銭が飛ぶなかにただ立っているのは多少勇気が必要です。ですから私は早々にお賽銭箱の前を離れてあたりを観察しつつ、しばらく立つことも多いということになります。

それなら最初からお参りしなければいいだろう、ということになりますが、それがそうもいかないのです。私の研究の専門は仏教を中心にした日本文化史ですので、お寺や神社の様子を知りたいのです。これがそうもいかない第一の理由です。第二に、少しだけお願いしてみてもいいかな、お賽銭はあげられないけれど、という姑息な気持ちもあるのです。ほんとうの告白はこちらです。

お賽銭のたぐいはお寺や神社だけではありません。外国に行っても、同じようなことはあります。たとえば欧米のキリスト教の教会でも同様で、建物の前にお賽銭箱がある、ということはありませんが、建物のなかに入ると、寄付のための小さな箱があり、寄付依頼の文章を書いた紙が掲示してあります。そこには「教会の維持のために」などと書いてあります。

宗教施設といっても、人間世界の施設ですので、そこで働く人の生活の必要もあります。その観点から言えば、世界中どこへ行っても寄付を求められるのは当然のことと言えます。ただ前に掲げた『歎異抄《たんにしょう》』第十八章の「いかにたからものを仏前にもなげ……」という文章は、異なる観点から注意をうながしています。「いかに惜しみなく宝物を仏前に捧げ、師匠に差し上げても、信心が欠けていたらその効果はありません」。たしかにそのとおりでしょう。俗なことばで言えば、カネだけでは解決しないよ、ということにもなります。

しかし、その主張は、実は大変なことだったのです。そこで今回はそのことを歴史的な観点からの話も入れ考えてみたいと思います。ちなみに、お寺と神社を並べて言う時、現代では「神社仏閣」とか「社寺」とか、神社を先に挙げることが普通になっていますが、これは明治時代からの慣行です。それ以前はお寺が先で、たとえば、江戸幕府で宗教関係を管理する責任者は「寺社奉行《ぶぎょう》」でした。「寺」が先に挙げられていたのです。

お正月には、私は家族とお寺や神社に初詣に出かけます。娘二人は結婚して東京と岡山に住んでいますが、お正月にはそれぞれの夫ともども拙宅にきてくれます。そこで、今度はどこにお参りに行こうか、ということになります。私ども夫婦は、早寝早起き型なので、夜を徹してのお参りに行ったことはありませんし、例によって、私自身はお賽銭をあげません。娘たちはおみくじをひいて、喜んだりがっかりしたりしています。私も仲間に入れてもらって、笑っているという図式です。

大きなお寺や神社では、お賽銭をあげてお願いをするのに、行列を作っているところもあります。私も一人だけ列の外にいるというわけにもいきませんので、並ぶだけは並びます。気持ちは何となく落ち着きませんが、「まあ、そういう習慣だから」と自分に言い訳しています。

かなり昔には「ご縁を結ぶ」といって、五円玉を投げ入れたりしたものです。するとなぜか仏様や神様に縁が結べた、私のお願いを聞いてもらえた、という気持ちになったものです。しかし現在、五円玉だけをお賽銭箱に入れる人はまずいないでしょう。十円玉、百円玉、特にお願いしたいことがある場合には千円札、お正月には一万円札の投げ入れもあるそうです。

誤解のないようにお断りしておきますが、私は千円札や一万円札を出さざるを得ないような、真剣なお願いを持っておられる人を揶揄《やゆ》しているのではありません。日本の社会に根づいてきた慣行の強さに目をみはっているのです。

いま「特にお願いしたいことがある場合には」と言いましたが、私たちは、十円玉より百円玉の方が効果が大きいだろうと思って、百円玉を出すのです。その方が仏様・神様が願いを聞き届けてくださるだろう、というわけです。千円札ならなおさら、一万円札ならもっと注目してくださる。それに大きなお願いだったら、金額も大きくしなければ申し訳ない、ということですね。そのような心持ちが私たちにはあるのでしょう。

賄賂

ところで、日本では賄賂《わいろ》の問題が絶え間なくマスコミをにぎわせます。賄賂というのは公務員と民間の方々との関係で起きる現象です。民間の会社等で商品を役所に売り込みたい場合、あるいは仕事の発注を受けたい場合、自分の会社に有利なようにはからってもらうために、金品を関係の役所の公務員に贈ることです。贈ることを贈賄《ぞうわい》、受け取ることを収賄《しゅうわい》と言い、いずれも犯罪です。税金として国民から集めたお金を、勝手に使われたのではたまりません。腹が立ちます。賄賂はやめようということになっているのに、いつまでも後をたちません。なぜでしょうか。

「賄賂」という熟語は「賄」も「賂」もほぼ同じ意味で、両方ともいわゆるワイロという意味です。古くは中国の孔子《こうし》の『春秋《しゅんじゅう》』に出ていますから、「賄賂」は長い間使われてきた、そして現代でも社会に大きな影響を与えていることばの一つです。日本だけではなく、中国そして世界中にあるとみて間違いないでしょう。でも、それぞれの国の事情はさておき、日本ではなぜこのように賄賂がなくならないのでしょうか。

現代の公務員は公開の試験で選ばれ、公務員としての能力があるかないか、きちんと判定されています。その後の仕事の配置も適材適所で配置されているはずです。採用の最初からすべての能力を持っているわけではありませんから、研修を受けたり、あるいは自分で学んだりしていくことになります。

ところが、公務員に相当する昔の朝廷《ちょうてい》の役人は、適材適所で官職が決定されてはいませんでした。ある官職を希望する者のなかから選考され、その選考の基準の第一は、家柄でした。たとえば、もっとも権力を握れた摂政《せっしょう》や関《かん》白《ぱく》は、藤原氏のなかの一部、摂関家《せっかんけ》と呼ばれた家柄の者しかなれませんでした。大納言《だいなごん》になれる家柄、一生かかっても中納言《ちゅうなごん》にしかなれない家柄、その他さまざまな家柄がありました。時代が下るにしたがってそれぞれの家柄の人数も増えていきますから、今度はそのなかでの争いも激しくなることになります。

もう一つ、官職が決定される有力な要因がありました。それが金品、つまり賄賂だったのです。親鸞のころには「成功《じょうごう》」などという慣行がありました。天皇や上級の貴族のために屋敷や寺を建ててあげて、そのお礼に希望する官職につけてもらうのです。朝廷の官職は任期が四年ですが、さらにもう一期延長したい時にも、金品を使うのです。これを「重任《ちょうにん》」と言いました。

中級の貴族たちは、望む官職につきたいがために上級の貴族の家に出入りして、家老のように働きました。親鸞の妻恵信尼《えしんに》の父三善為教《みよしためのり》は中級貴族で、関白九条兼実《くじょうかねざね》の家老でした。為教は越後介《えちごのすけ》に任命されたことがありますが、それは兼実のもとで働いたおかげであったと考えられるのです。

室町幕府を作った足利尊氏《あしかがたかうじ》と弟の直義《ただよし》にはおもしろい話があります。二人は協力して困難を乗り越えて幕府を作ったのですが、後に仲が悪くなり、尊氏は直義を毒殺するという悲劇に至ります。性格でいうと、尊氏はおおらかで戦場の危機でも泰然《たいぜん》としていて、家来たちに人気があったそうです。一方、直義はきまじめで、事務能力にたけていたといいます。

そのころ「八朔《はっさく》」という行事がありました。八朔とは旧暦の八月一日のことで、この日には現代のお中元・お歳暮のように贈り物をやりとりしていました。尊氏・直義兄弟のところには、たくさん贈り物が届きました。尊氏はおおらかで、家来たちにあげてしまうのです。夕方までには全部なくなってしまったといいます。直義はどうしたかというと、こんな行事は無意味だと、八朔の習慣そのものを嫌ったそうです。直義には贈り物や賄賂は効果がありませんでした。しかし、当時はこのような人は、まずいなかったのです。いなかったためにこの挿話《そうわ》が有名になったのです。

何が言いたいのかというと、昔の日本で、賄賂は犯罪ではなかったということです。朝廷の役人たちは、「自分たちは国民の税金で養われているんだ」などとはまったく思っていませんでした。家柄、財力、あるいは武力などを使って希望する官職を手に入れるために必要だという認識だったのです。

それから時代は移り江戸幕府が崩壊し、明治政府ができました。そして第二次大戦後、政府も民主的になり、政府および地方自治体の役人は公務員として国民から試験で選抜されるようになりました。政府の総理大臣以下の大臣にも、多くは選挙で選ばれた国会議員が就任しています。

昔の朝廷と第二次大戦後の政府とは明らかに異なります。しかし、この日本列島に住んでいる人間の意識はなかなか変わらないものだ、というのが私の感想です。かつては賄賂が正当な政治手段でしたが、いまはそうではないわけです。もう変わらなければいけないのに、依然として各地で賄賂が摘発され続けているからには、変わっていないとしか言いようがありません。

それに、わずかな賄賂で一生を棒に振り、家族にも迷惑をかけることはやめるべきです。精神的にも厳しくすべきことは厳しくしなければなりません。

神々の本質

そもそも、仏教が日本列島に伝えられる以前から、日本列島には宗教があったことは認めざるを得ません。それは今日、神道《しんとう》として存在している宗教です。ただし、神道が教団としての形を取るようになったのは、戦国時代ですから十五世紀末ごろと考えられています。その前の信仰は、神祇信仰と言い習わしています。

宗教とは、日常の生活を超えた存在に対する、人間の恐れや崇敬《すうけい》がもとになっています。主に個人的な心情を中心としたあり方を信仰と言い、集団としての組織的なあり方を宗教と言います。

昔の人も、この世では自分たち人間の力ではどうにもならないことがたくさんあることを知っていました。病気になること、死ぬこと、大風や洪水、地震、落雷などの災害、畑の作物に虫が大発生することなど、自分たちの力では防ぎようがありません。また、子どもが欲しい、大金持ちになりたい、高い官職を得たいなど、これらも自分の力ではどうにもならないことが多いのです。このような時、自然界を取り仕切る存在に思いを致さざるを得なかったのです。その存在を昔の人たちはカミと呼んだのです。人間を威圧するような大きな山、岩、滝などもカミとして崇《あが》められました。

神々は、ふだん、どこに住んでいるのでしょうか。それは天上（空中）と地下である、と昔の人たちは考えていました。天上（空中）に住んでいる神々は「神〈カミ〉」と表現され、地下に住んでいる神々は「祇〈カミ〉」と表現されました。合わせた表現が天神地祇《てんじんじぎ》です。このことばは、『歎異抄』第七章にも、

信心《しんじん》の行者《ぎょうじゃ》には、天神地祇《てんじんじぎ》も敬伏《きょうぶく》し、魔界外道《まかいげどう》も障碍《しょうげ》することなし。

（真宗聖典六二九頁）

として出ています。

日本列島に住んだ人たちは、雷を鳴らし、大風を吹かせるなどの、人間生活に大きな被害を与える存在と、その被害を受けることの意味を考えました。そしてこれらは神々がなされたことであり、人間の誤った行動に対して怒り、罰を与えているのだと結論づけ、さらに、神々のその大きな力で人間に恵みを与えてくださるようにお願いしよう、と考えたのです。

「魔界外道」というのは、魔界すなわち悪魔、外道すなわち異教徒のことです。「障碍」とは遮《さえぎ》り邪魔をすることです。

日本列島の神々の本質は「怒り」です。人間はひたすらその「怒り」を宥《なだ》め、恩恵をお願いしなければならないのです。宥めないと神々はさらに怒って人間に祟《たた》るのです。ですから、神々の本質に「怒り」の他に「祟り」がつけ加わるということになります。

またお願いのためには、手ぶらというわけにもいかないだろうということになります。それには何か品物が必要です。これは人間社会でも、他人にお願いをする時には何か手土産を持っていこう、その方が話がうまく進むだろう、という心理と同じです。そして高価な品物の方がよいとされるに至ります。それこそが心を込めた証拠だ、ということになります。

農民たちは秋になると、最初に収穫したお米を神様に差し上げます。一年近くもかけて育て上げた、収穫を待ち望んできたお米です。最初のお米ですので、初穂《はつほ》と言います。漁師ならば、釣ったなかでもっとも立派な魚を捧げます。

このように見てくると、俗世間と宗教界と、両方にわたって金品が動くということです。心が込められていて、金額はいくらでもいいということになれば問題はないのでしょうが、人間世界の常でそうはいかないことが多いものです。

先に取り上げた『歎異抄』第十八章の最初に次のように記されています。

仏法のかたに、施入物《せにゅうもつ》の多少にしたがいて、大小仏になるべしということ。この条、不可説なり、不可説なり。比興《ひきょう》のことなり。

（真宗聖典六三八頁）

「仏教関係のことで次のような説があります。それは寄付の多少によって、往生して仏になった時に、仏身に大小の差があるというのです。これはまったく言語道断の説です。滑稽《こっけい》な話です」。

この文章にあるようなことも実際にあったのでしょう。もちろん、仏に大も小もありませんが、人間の心理のあやを衝いた、うまい金品の要求の仕方だと思います。その仕方を親鸞は強く否定しているのです。また、

一紙半銭《いっしはんせん》も、仏法のかたにいれずとも、他力《たりき》にこころをなげて信心ふかくは、それこそ願の本意にてそうらわめ。すべて仏法にことをよせて、世間の欲心もあるゆえに、同朋《どうぼう》をいいおどさるるにや。

（真宗聖典六三八―六三九頁）

「お金や物をまったく差し上げなくても、阿弥陀仏の本願を思って信心が深ければ、それこそ阿弥陀仏の本来の意図にかないます。欲深い者が、救われたいという弱みにつけ込んで念仏の信者を脅しているのでしょう」。『歎異抄』第十八章では、断固として金品に流れる風潮を戒めています。日本列島は、古代から現代に至るまで、金品で要求を通そう、通せるという風潮《ふうちょう》の強い風土です。親鸞はそれに逆らって心の重要性を説いていたのです。

吉田神社の随神門と拝殿（写真奥）（水戸市宮内町）

奈良時代以前の創立と思われ、祭神は日本武尊で、昔から大勢力がありました。平安時代には朝廷に公認された神社が一覧にされている『延喜式』神名帳に、吉田神社は「名神大社」というもっとも格の高い神社とされています。この神社の領地（神郡）として成立したのが吉田郡です。現在の水戸市と、その周辺地域が郡域でした。河和田一帯も、この神社の影響下にあったと推定されます。

六　感謝の気持ち

一生のあいだもうすところの念仏は、みなことごとく、如来大悲《にょらいだいひ》の恩を報じ徳を謝《しゃ》すとおもうべきなり。

（『歎異抄』第十四章・真宗聖典六三五頁）

支えられて生きている

「一生の間称える念仏は、全部すべて、阿弥陀如来《あみだにょらい》が私たちをあわれんでくださる恩にお返しし、その恵みに感謝する意味だと思いましょう」。

私はいままでの人生で、何度も「ありがとう」と口にしてきました。皆さん方も同じだろうと思います。本心から感謝して「ありがとう」と言うこともありましたが、全然感謝していないというわけではありませんけれども、軽く、習慣的に口に出したこともあります。それは人間関係がうまくいくからです。

私は授業や講演で外国に行くことも多く、そこでの生活のなかで、日本人以上に丁寧にまた大げさに「ありがとう」と感謝の意を示される場合もあります。逆に、これは習慣の違いだからしかたがないのですが、私はほとんど無視されているのではないか、私は感謝されてしかるべきなのに、と少しムッとしたこともあります。

日本人は自分が直接恩を受けたことでないことでも、「ありがとう」と感謝のことばを口にすることがあります。たとえば、私が友人の家に招かれて食事をご馳走になったとします。私はその家をおいとまする時に、「ありがとうございました。ご馳走さまでした」と言うことになります。後日、私の妻がそこの家の人（私の友人かその奥さん）と話をする機会があった時には、「先日は主人がご馳走になりまして、ありがとうございました」と言います。

日本人なら普通の挨拶です。もし言い忘れたとしたら「あ、しまった。言うべきだった」と後悔するでしょう。夫は個人としての人間ですが、家族の一員でもあります。妻も同じ家族の一員ですから、夫が受けた恩は妻も感謝し、その気持ちを口に出さなければならないのです。

さらにまた、次に私がその友人に会った時、あるいは電話ででも話をしたおりには、必ず「先日はありがとうございました」とか、「この間はご馳走さまでした」と言います。

アメリカに滞在していた時、私は次のようなおもしろいことを知りました。日本研究をしている友人の家に招かれて夕ご飯をご馳走になりました。帰る時に、当然、「ご馳走さまでした。おいしかったです。どうもありがとうございました」とお礼を言いました。

日本と違って、アメリカではお礼の挨拶はこれで終わりです。次に友人に会った時に、「この間はご馳走さまでした」と言う必要はありません。まして私の妻が「主人がご馳走になりまして、ありがとうございました」などと言う必要はありません。なぜでしょうか。

　アメリカでは日本より個人の確立が進んでいます。夫と妻とは別人格ですから、夫が受けた恩を妻も感謝する必要はないのです。さらに、私が何度もお礼を言うことは、「また食事に招いてください」と催促《さいそく》することになるのだそうです。

　日本人の社会では、二回、三回とお礼を言っても、もちろん「また食事に招待してください」と催促していることにはなりません。二回、三回とお礼を言うのは、「私はあなたに感謝の気持ちを持ち続けています。忘れてはいませんせん」という気持ちの表現なのです。

　さて私はいま、私に感謝することの重要性を教えてくれたのは誰だろう、と自分の人生を振り返っています。感謝することの反対である「恨《うら》む」ことがよくない、ということを教えてくださった人ははっきりしています。それは本書の最初の「人間への信頼」で登場していただいた、私の大学院時代に指導してくださったA先生です。

私は、一九六九（昭和四十四）年に東京教育大学の大学院修士課程に入りました。おりから学生運動まっさかりで、大学院の入試直前には東京大学の安田講堂にこもった全学連の学生たちに対して、警官隊が何本ものホースで冷水を浴びせる様子がテレビに映し出されていました。東京教育大学でも、学生たちの要求に始まる大学改革が難航し、先生方のなかでも厳しい対立がありました。私はある先生（仮にE先生とします）から目をつけられてしまって、廊下等で会うたびに嫌味を言われました。どうも私の担任になった先生と、そのE先生との仲が悪かったことが原因だったようです。私には直接の責任はないと思うと、よけいにその嫌味を言うE先生のことが心の負担になりました。四年後に入った博士課程から指導していただいたA先生に、ある時、そのことについてのグチを漏らしてしまったのです。

するとA先生は「今井さん、その先生を恨んではいけませんよ。あなたは何をしに大学院へ入ったのですか」と言われましたので、「研究をするためです」と答えました。先生は「そうでしょう。恨んだりする気持ちは捨てて、研究で勝負すべきです。恨んでも何も生まれません」と言ってくださいました。

「フーン。なるほど」と思い、少しは気が楽になりましたが、まだ半信半疑でした。またE先生に廊下で会ったら、今度も嫌味を言われるに違いない。何せ向こうはこちらが気持ちを変えつつあることなど知らないのですから。ではどうすればよいか。そうだ、まもなく私の新しい論文が活字になるから、そのおりにその論文を持って研究室を訪ねてみようと決心しました。

新しい論文が送られてきた時に、いままでに書いた論文二、三本も合わせて持ち、E先生の研究室のドアをノックしました。「どうぞ」との声。ドアを開けて目があったとたん、ギョッとした顔のE先生。身構えた気配でした。

私も緊張して「論文ができましたので謹呈しようと思って持って参りました。どうぞ」とだけしか言えなかったのですが、E先生は「え?」、思いがけないことを聞く、という感じで、論文をパラパラとめくり、「君もなかなかやるじゃないか」と言ってくれました。

このこと以来、E先生の私を見る目が変わりました。私の後輩の大学院生の前で私を「よく研究している」と褒《ほ》めてくれたりしました。そして私の大学としての最初の赴任校となった茨城大学で教員募集があった時も、積極的に推薦してくれました。

こうして「恨み」はどのようにすれば乗り越えられるのか、という方法がわかりました。こちらが気に入らない人に対しては、私の方から積極的に相手に話しにいくということです。

次に感謝についてですが、何がきっかけで「感謝することはすばらしいことだ」と思うようになったのかはよくわかりません。しかし感謝したい、と本心から思うようになった人がいます。それは妻です。私が大学院を考えている時妻も大学院に行きたかったのですが、それを我慢し、決心して私を行かせてくれたのです。その決心がもとになって、現在の私と家族の生活がありります。「あなたもよくがんばった」と妻は言ってくれますが、私としてはただ妻の恩に感謝という気持ちです。夫というよりも一人の人間として、妻の恩には報いなければならないと思っています。

もちろん、そのことにとどまらず、毎日の生活が成り立っていることについても妻に感謝しています。二人いる娘たちに対しても同様です。このことを、私は一度だけ文章に書いたことがあります。それは一九九八年二月、『親鸞とその家族』（自照社出版）という本を出版した時です。その「あとがき」の最後に、「本書は『茨城新聞』紙上での五十回にわたる連載（一九九四年九月～一九九六年十月）に手を入れたものである。（中略）連載中、妻は毎回読んでくれた。娘たちにも執筆の動機・構想など全部話してある。家族との生活がなければ本書は執筆の手がかりさえなかったと思う。あらためてここに感謝の気持を書き記しておきたい」と書きました。

家族のことだけではありません。私は、地域、社会一般の人びとにいかに自分が支えられて生きているのか。それを見つけて感謝するようにすべきだと考えています。その感謝の気持ちをできるだけ形に表わすようにすることがお互いを幸せにすると思います。

報謝

親鸞が作った和讃《わさん》の一つに、全五十八首で構成される「正像末和讃《しょうぞうまつわさん》」があります。そしてこの最後、第五十八首目は真宗の世界でもっともよく知られた和讃で「恩徳讃《おんどくさん》」と言います。

如来大悲《にょらいだいひ》の恩徳《おんどく》は

身《み》を粉《こ》にしても報《ほう》ずべし
師主知識《ししゅちしき》の恩徳《おんどく》も
ほねをくだきても謝《しゃ》すべし
（真宗聖典五〇五頁）

とあります。この和讃は親鸞の兄弟子であった聖覚《せいかく》が法然の十三回忌の時に読んだ表白《ひょうびゃく》が元になっていると言われています。

倩《つらつ》ら教授の恩徳を思へば、実に弥陀の悲願に等しき者か。骨を粉にして之を報ずべし。身を摧《くだ》きて之れを謝すべし。

「よくよく法然上人が教えを授けて下さったご恩の恵みを思うと、これはまことに阿弥陀仏の私たちをあわれんでくださる本願に等しいのではないでしょうか。自分の骨が砕けるほど働いてそのことにお返ししましょう。自分の体が挫《くじ》けてしまうほど働いて感謝の気持ちを表わしましょう」という文によったのだと言われていますが、親鸞の本心であったことに違いはありません。

鎌倉時代は、「私はこう思う」という言い方は説得力がなかったのです。「あの立派な方もこうおっしゃっている」として引用しつつ主張すると説得力がある時代だったのです。

本項の最初に挙げた『歎異抄』第十四章から引用した文章も同じ手法の内容です。

それにしても、阿弥陀仏の救いを大悲と表現したことはすばらしいと思います。大悲は、言ってみれば大慈大悲《だいじだいひ》とすることもできる阿弥陀仏の恩徳です。慈ならば、困っている人にモノを与えて救う、という意味になり、悲ならば、苦しんでいる人と一緒に悲しみ、泣いてあげて救うという意味になります。モノを与えて悪いというのではありませんが、一緒に悲しんであげるというのは、より奥深い気がします。

「恩徳讃」は仏教の世界のことですから、俗世間の家族のことは入っていません。しかし私は師主知識に続けて「妻」の文字も入れたいものだと思っています。

同じ『歎異抄』第十四章の最後の部分にも、

いよいよ弥陀をたのみ、御恩を報じたてまつるにてこそそうらわめ。

（真宗聖典六三六頁）

とあります。恩徳に報いるようにしなければなりません。その気持ちから俗世間において第一になすべきことは、「ありがとう」と言うことでしょう。

しかし、ここで少し問題があるということを述べておかなければなりません。

先ほど、私はアメリカの友人に食事に招かれた話を記しましたが、その部分の最後にあるように、日本人が何度もお礼を言うのは、人間関係を良好に保つための挨拶です。「ありがとう」と言うことによって、すぐ何かが欲しいとか、お礼として何かをあげます、という意思表示ではありません。

しかし昔の日本人、つまりは親鸞のころは違っていたのです。だいたい、そのころ「感謝」ということばはありませんでした。それに対応することばは「報謝」です。「恩徳讃」では一つずつの漢字に分けられていますが、まさに親鸞は「感謝」の語ではなく、当時の普通のことばである「報謝」を使っていました。

親鸞のころ、何か恩を受けて「ありがとう」と言ったら、形に示されるお返しをしなければいけなかったのです。たとえば鎌倉時代の武士が主人から領地をもらうという恩を与えられ、その人を主君とし、自分は家来となったとします。領地をもらう時には、当然、「ありがとう。いただきます」と言います。すると家来は主君のために尽くさなければならないのです。お金を出すとか、主君の屋敷を警備するとか、戦争の時には主君のために戦うとかの奉公です。御恩と奉公という契約関係ですね。

これは武士の世界だけのことではありません。当時の社会一般に通用していたことです。「ありがとう」というのは、「私は必ずあなたのために働きます」という意思表示だったのです。これは親鸞が生きた鎌倉時代は、個人が自立しなければならない時代であったからだ、と私は考えています。

また、鎌倉時代の裁判の制度も興味深いものがあります。鎌倉幕府の裁判の制度では、原告が裁判所に被告を訴えたところから裁判が始まります。ところが、「裁判が始まったぞ」と被告に知らせるのは裁判所の係員ではなく、原告なのです。それから原告が書面で訴えの内容を裁判所に送ります。被告もまた、書面でそれに反論します。それをまた原告が書面で反論し、さらに被告が反論します。これを三回繰り返すので三問三答と言います。それで決着がつかなければ原告と被告が幕府の将軍の前でお互いの主張を言い合うのです。言い負けて「閉口《へいこう》」した方、つまりは相手に反論できなくて口を閉じてしまった人が、裁判で負けになります。つまり、個人がしっかりしなければよりよい生活ができない時代だったのです。「ありがとう」というのも、人間関係を良好に保つということではなくて、契約関係が念頭にある重いことばだったのです。

したがって、「報謝《ほうしゃ》」は、「私は感謝しています。そして必ずお返しをします」ということばでした。それが鎌倉時代の常識であり、親鸞の「報謝」はその常識の上で発せられたことばだったのです。常識の上に乗っていたからこそ、一般の人たちに説得力を持ったのだ、と私は思います。

恩に報いる

筑波大学に在職中のある年、私は親鸞と真宗の歴史について一年間の講義を行いました。まず親鸞の伝記から始めて、私なりに親鸞思想についての解説も行いました。念仏往生《ねんぶつおうじょう》、専修念仏《せんじゅねんぶつ》、信心の念仏、報謝の念仏、悪人正機《あくにんしょうき》、往相回向《おうそうえこう》・還相回向《げんそうえこう》、自然法爾《じねんほうに》その他、一通りのことは講義しました。

十一月の第二学期末試験の代わりとして、次のような課題を一週間前に与え、試験当日にそれを書くように指示しました。その課題とは「親鸞の思想は現代に役立つと思うか。思うなら、どの部分がどのように役に立つと思うか述べよ。また役に立たないと思うなら、その旨を正直に答えよ。理由も答えよ。役に立たないと書いたからといって、落第にすることはない」というもので、下書きを準備してきてもかまわない、としました。

試験当日、四十人ほどの学生が書いた答案を読み進んでいくうちに、私はとても驚き、虚《きょ》を突かれた思いがしました。「役に立つ」とした学生は三十数名いました。そのなかで九割以上もあって圧倒的に多かったのは、何と「報謝の念仏」でした。

学生たちは、「現代の人間は他人に感謝することを忘れている。これはよくないことだ。それなのに、八百年もの昔に親鸞は感謝することを私たちに教えてくれていたのだ。何とありがたいことだ」と言うのです。「報謝」の語は現代の一般社会ではほとんど使われていませんし、理解するのがむずかしいところがあるので、まず「感謝」として理解してよいと学生には伝えてありました。それで答案としてはほとんどの学生が「感謝」という言葉を使っていました。

重要なことは、親鸞の時代には恩を受けたら「ありがとう」と言って終わりにするだけでなく、お返しをしなければいけなかったということです。報いです。それは強制されることではなく、望ましい人の道だったのです。阿弥陀仏に救っていただいたのですから、うれしかったことでしょう。喜んで報いようとしたのです。ですから、「身を粉にしても報ずべし」「ほねをくだきても謝すべし」というのは、「身を粉にし骨を砕いても報謝しなければなりません」と解釈すべきではなく、「身を粉にし骨を砕いてもお返ししましょう。お返ししたいものです」と、自分の心から望む気持ちとして表現すべきだと私は思います。「べし」は必ずしも「しなければならない」と現代語訳すべきではなく、もう一つの重要な意味である「したいものだ」を使って現代語訳すべきだと思います。どうも学校教育では「べし」とあると、生徒がすぐ「しなければならない」と直線的に解釈してしまうようにさせているのではないだろうか、と思うのです。

自立し、個性が尊重されている現代の私たちは、周囲に甘えることなく、恩を受けたら「ありがとう」と言い、そして必ずその恩に報いる工夫と努力をしたいものだと思います。それが現代の人間関係をよくし、よい社会を作っていく重要な方法の一つだと思います。大切なものをいただいたら、それは自分の意思でお返ししていくべきものでしょう。

ちなみに、前記の学生たちのなかで「親鸞の思想は現代生活に役立たない」とした者が四、五人いました。これも共通した理由がありました。それは「親鸞は呪術（おまじない）を否定した。でも現代の社会には、占いなども含めておまじないがずいぶん広まっているではないか。それに頼っている人も多い。それを否定されてしまったら困る人たちが多いと思う」というものでした。

小島草庵跡（下妻市小島）

親鸞が関東で住んだとされるところの一つです。親鸞はこの地方の小島《おじま》郡司の招きでやってきた、という説もあります。草庵跡には戦国時代の制作と推定される五輪塔が四基あります。欽明天皇・用明天皇・聖徳太子・親鸞の墓と称し、「四体仏」と呼ばれています。ここは江戸時代には畑にもならない荒地で、墓地があったと言われています。現在の草庵跡の周囲には、広々とした畑が広がっています。下妻《しもつま》は、親鸞のお世話をした蓮位《れんに》、本願寺の坊官（役人）として知られた下《しもつま》間氏の出身地と言われています。

七　うなずくこと

「念仏もうしそうらえども、踊躍歓喜《ゆやくかんぎ》のこころおろそかにそうろうこと、またいそぎ浄土《じょうど》へまいりたきこころのそうらわぬは、いかにとそうろうべきことにてそうろうやらん」と、もうしいれてそうらいしかば、「親《しん》鸞《らん》もこの不審《ふしん》ありつるに、唯円房《ゆいえんぼう》おなじこころにてありけり。

（『歎異抄』第九章・真宗聖典六二九頁）

ひとつの対話

「念仏を称えても、踊《おど》り上がるほどのうれしい気持ちは湧いてきませんし、急いで極楽浄土へ往生したいという気持ちにもなれません。これはいったいどうしたことでしょう」。唯円はこのように親鸞に尋ねたことがあるのです。

すると親鸞は「実は私もそうなんですよ、唯円房。どうもおかしいと思っていたのですが、あなたも同じ気持ちだったのですね」と答えたのです。

日本人は会話の途中に、相手の話に合わせてうなずき、また相づちをうちます。それが会話を先に進ませる力を持っていると知っているからです。多くの日本人は、話をしながら、まもなく相手がうなずいてくれるだろうと思っています。そのうなずきは、一応、相手が自分が説いていることに同意してくれたということを意味します。そこで気分をよくして、さらに話を進ませる意欲を湧かせます。

唯円は踊躍歓喜の心が湧き立たないことについて、また浄土へ早く往生したい気持ちにならないことについて、「私もそうなんですよ」と親鸞にうなずかれ同意してもらって、うれしかったことでしょうし、ほっとしたことでしょう。唯円は楽になり、先へ進める気分になったことと思います。

そして親鸞は唯円に対し、踊躍歓喜にならない、急いで極楽往生する気持

ちにもならないことについて、詳しい説明をしてくれます。先ほど掲げた文に続いて、

よくよく案《あん》じみれば、天におどり地におどるほどによろこぶべきことを、よろこばぬにて、いよいよ往生《おうじょう》は一定《いちじょう》とおもいたまうべきなり。（同前）

「いろいろ考えてみると、天に躍りあがりたくなるほど、地面を跳《は》ね回りたくなるほども喜ぶべきところなのに、うれしくないということは、ほんとうに極楽《ごくらく》往生間違いなしと思っていいですよ」とあります。親鸞は逆説的に、「唯円よ、それでいいのです。それだからこそ、必ず極楽へ往生できると思いなさいよ」と述べているのです。

『歎異抄』第九章にはさらに続けて、〝なぜなら、喜ぶべき心をおさえて喜ばせないのは煩悩《ぼんのう》がそうさせているのです。しかし阿弥陀仏はすべて前もってご存じで、私たちを「煩悩具足《ぐそく》の凡夫《ぼんぶ》」と言われています。私たちには煩悩があって当然なのです。このような煩悩具足の私たちのために救いの誓い

を立てられたのです。喜べないこと自体、お救いくださることの証明です〟と記してあります。最後に、

踊躍歓喜《ゆやくかんぎ》のこころもあり、いそぎ浄土《じょうど》へもまいりたくそうらわんには、煩悩《ぼんのう》のなきやらんと、あやしくそうらいなまし　（真宗聖典六三〇頁）

「喜びの心もあり、急いで往生したいという気持ちもあれば、私には煩悩がないのか、だから阿弥陀仏の極楽浄土へ往生できないのか、と疑わしく思うのではないでしょうか」と第九章を結んでいます。

親鸞のこの説明で唯円は納得したのでしょうか。納得はしても、また不安に思う日も来たのではないかと、私は想像しています。でも、また不安に思うことそのことも煩悩がある証明であって、やはり確実に極楽へ往生できるだろうと自分を納得させていたのではないかなと思います。

さまざまな会話

日本人は、まわりの人々との調和に配慮しながら行動してきました。江戸時代の鎖国《さこく》政策によって、いま住んでいる社会が気に入らなければ海外へでもどこへでも行ってしまおう、という気持ちは押さえつけられていました。日本列島という狭い地域に押し込められていたのです。そこでは、お互いに気を使い合わなければ生活は成り立ちませんし、争いを少なくしなければなりません。

この風潮が会話にも影響を及ぼしました。会話の時には、話をしている人も聞いている人も、会話を先に進ませようと努力することが多いのです。その場合、聞いている人は、「そうだ、そのとおりだ」と大きな声で言うより、「うん、なるほど」とか、「やはりね」「たしかに」などとさりげなくうなずく方が効果的です。

「聞き上手」という言葉があります。相手の話をうまく進ませる工夫をしてくれる人のことですが、そのような人は、日本社会のなかではわりと好まれます。会話が上手でなくても、人間としての評価は高いのです。

なかにはしきりに自分だけ話したがって、相手の話を聞こうとしない人もいます。相手の話を聞く番になっても、実際には身を入れて聞いてはおらず、次に自分が何を話そうかとしきりに考えている人がいます。学生のなかにもそのような性格の人がいました。先生である私が話している時でも、早く自分がしゃべりたいという者もいました。そのような時には「私の話をよく聞いていなさい」と叱りました。「ハイ」とは言いますが、もうその舌の先も乾かないうちから話し始めるので、「いま、聞いていなさいと言ったばかりじゃないか」と再び叱られる学生もいました。でもそのような学生は、男女にかかわらず、愛すべき人間ではあります。

外国へ行くと、必ずしもこのようなことはありません。特にアメリカ人は相《あい》づちをうたないのが普通で、たとえば私が話している間、私の目をじっと見つめているだけです。私の話を、途中ではなく、全体を聞いてから判断しようということなのです。内容が理解できなければ途中で質問することはあっても、うなずいて相手の話をどんどん進ませてあげよう、などとはアメリカ人は考えません。

アメリカ人でもいろいろな人種の方がいますから、うなずきに関することも一様ではありません。日本人的に、話を進めやすい雰囲気を作ってくれる人たちもいます。顔も動かさず、こちらを見つめる目が瞬《まばた》きもせず、話が終わっても、なかなか反応がない人たちもいました。もう三十年になりますが、最初にアメリカへ行って半年滞在した時、このような経験を何度かしました。

アメリカ・ニューヨークの空港で乗り継ぎの飛行機の乗り場について尋ねた時。さる大学の構内で道を尋ねた時。学生を指導している時。うなずきもなければ返事も返ってきません。「わかりません」とひとこと言ってくれればいいのですが、それもありません。後から考えたら、「私の話はこれで終わりです。返事をしてください」と言った方がよかったのかな、と思ったくらいです。

アメリカにいろいろな人種の方がいるということは、日本とは異なって、アメリカにはさまざまな言語と文化があるということです。その文化はお互いによくわからないのです。ですから、ここで相づち、などということはできないのですし、ことばに出さなくても、ハラでわかる、などというのは通用しません。それは同じ文化圏のなかで通用する方法にしか過ぎないのです。共通の言語で正確に自分の気持ちを表現しないと、相手にわかってもらえないという前提で人間関係が成り立っています。

ですから、ここらあたりでうなずきがあってもいいだろう、あるべきだと思っても、相手はそうは思っていないのです。「なるほど」「たしかに」などと相づちをうつと、話し手に同意したものと思われかねません。日本人の相づちは、必ずしも相手の意見に同意したということは意味していません。

このようなことで、私もアメリカに行くと、姿勢と表情を意識的に変えます。アメリカでは相手の目を見ながら話をしなければいけませんし、相手の表情やうなずき的なものでこちらが言うべきことを中途半端に終わらせてもいけません。「相手に私の言うことがわかってもらえるのだろうか」という弱気ではなく、「相手は私の言うことをわかるべきだ」という強気で会話をします。私は自分の人格を意識的に変えるのです。

中国の北京《ペキン》の大学で教えた時にも、同じような経験をしました。相手は日本研究の先生や大学院生ですので、日本語はできるし、日本の文化もかなり理解しています。でも日本人ほどには相づちをうちません。

北京で驚いたのは、大学院生たちには「相手に微笑《ほほえ》みかけながら話をする」という習慣がなかったことです。日本では、どちらかと言えばにこやかに会話をするのが好まれます。しかし、大学院生たちは、そんなことは家庭でもどこでも教えられたことがなかったと言います。日本人なら「微笑んでいる」ですが、同じ表情を中国人なら「意味もないのに笑っている。気味が悪いと思う」と口々に言いました。こうなったらうなずきどころの話ではありません。

大学院生たちは、私と日本語で話す時は、日本人的なうなずきと微笑みで話すように努力してくれました。しかし、日曜日などに一緒に北京の街へ連れていってもらった時には、大学院生たちの口調は一変しました。見物や買い物で、店員さんとの会話を通訳してもらった時のことです。微笑みもしなければうなずきもなく、店員に甲高《かんだか》い強い口調で話し、表情も変わっていました。

後で大学院生たちが私に言うことには、「先生に損をさせたりしたらいけないと思いまして、少し緊張して話しました」ということでした。

また、北京に滞在している間に、南方の天津《テンシン》に講演に行ったことがあるのですが、何と驚いたことに、デパートの女性の店員さんが微笑みながら応対をしてくれたのです。なかには、恥じらいながら、としか思えないような表情で対応をする人もおり、北京からそんなに遠くないのにずいぶんと違うものだと思いました。

西ヨーロッパでは、それほど力まなくてもいいような気がします。イギリスへは三回行きましたが、表情は豊か、親切に対応してくれる人が多い、という印象で、日本人から見れば、うなずきと思われる表情もしてくれます。他の国々でも、それぞれの対応を受けました。相づちやうなずき、特に同意を意味するうなずきがあると、日本人としての私はずいぶん楽でした。でも、第二次大戦後、日本はアメリカ文化の後を追ってきたと思います。アメリカで盛んになったことは、場合によってはすぐ、あるいは五年、十年後には日本に上陸しています。古い話ですけれども、アメリカで「暴力教室」という映画があり、そのなかでは高校生が教室で暴れたり、先生を脅したりしていました。「日本ではこんなのはないよ」と思いましたが、やがて日本でも顕著にこの現象が見られるようになりました。コーラもハンバーガーも日本に上陸しました。近年では、政府や自治体が使う用語も、英語そのままをカタカナで記すことも増えてきています。

「うなずきのない会話」も日本に上陸するのではないかと思っていましたが、近年、若者の間には思いがけない風潮が生まれてきました。

「同意のうなずき」を求める不安

私は三十年にわたって大学で学生に教えてきましたが、この三十年で学生の気質も変化しました。日本社会がずいぶん変わりましたから、学生の気質が変わるのも当然のことです。途中で気がついたことは、学生に私のうなずきを強く必要としている者が増えてきたということです。

日本人としては、相手にうなずきがあると、話がしやすいのは事実です。私も招かれて講演をさせていただいた時、講演中にまったく反応がないより、あった方が話しやすいということは言えます。反応がなくても、私は話を進めますが、ここで問題にしたいのは、うなずき、しかもはっきりとした「同意のうなずき」がないと話を先に進められない若者が急増していると思われることです。

私は、学生への指導上、できるだけ学生と話をするようにしてきました。何か問題が起きた時にはじめて会話をするのでは、問題解決が長引くことがあるためです。前もってお互いの人間性を理解していれば、解決も早いと思うからです。演習《えんしゅう》の授業（これは学生の発表を中心に授業を進めます）では、学生に担当の発表内容について前もって私のところに相談に来てもらい、そこで具体的な発表内容の計画を話してもらいました。

すると、私がいちいちうなずきを与えないと先へ進めず、困った顔をする学生が年々増えてきたのです。こちらは学生の発表内容を吟味《ぎんみ》しながら聞いていますので、学生のひとことひとことにうなずきを入れなければならないのはとても面倒《めんどう》です。日本式に、顔を上下に振る「同意のうなずき」をすると学生は安心するのはわかってはいるのですが、首も疲れます。

そこで、「私はいちいちうなずいたりしないが、君の話は十分に聞いている」と言って、じっと相手の目や顔を見ながら話を聞きます。すると学生はとても居心地《いごこち》悪そうにしながら、それでも「うなずき」を求めてきます。それがないと自分の話に自信が持てない、持てないと話を先に進められない、「先生お願いですからうなずいてください。同意してください」ということになるようです。

これは大学に入学するまでの学生に対する教育の失敗なのではないか、と私は考えています。もうずいぶん前からですけれども、若者は自分の好きなように生きてよいと教育されてきました。自分は何がやりたいかをよく考えて、それによって自分の人生の方向を決めなさい、決めてよいと言われてきたのです。それは言ってしまえば嫌な方向には進まなくてもよいというわけです。高校も大学も就職も、自分が何をやりたいか自分の心に聞いて決めなさい。そうしなければ後悔しますよ、ということです。

でも、十代の少年少女がそう簡単に自分の一生の方向を見つけられるでしょうか。自分のやりたいことはあっても、それが果たしてほんとうに自分がすべきことなのか、その能力はあるのか、不安に思います。結局のところ、なかなか見つからず、不安が増し自信をなくしてしまいます。

「自分が何をやりたいか」を自分に尋ねても限界があります。すると自分の外に尋ねるという習慣が身についていませんから、自分のなかへなかへ、「わかるはずだ」と思いつつ入っていってしまいます。そして自分のなかに引きこもる結果になってしまうのです。

一方、自分ではわからないので、「君にはこのような能力があるよ」と他人に自分の能力を認めてもらいたくなるのです。そうすれば社会のなかでいかに生きていったらよいのか、自分はその方面に能力があるのかと自信が持てる、とその若者は思うのです。

しかし、他人に能力を認めてもらうといっても、何らかの働きかけが必要です。それは若者にもわかっています。それで前述した演習の準備の時に、「私はこう思うんですけど」と「同意のうなずき」を求めて先生である私の顔色を窺《うかが》うのです。

このようなことは演習に関してだけではなく、学生の生き方全般にわたってです。私がいちいち「よし、それでいいよ」と言えば、どんどん学生は先へ進めますが、そんな手とり足とりの教育をしていたのでは、私も疲れますし、第一その学生を社会へ送り出せません。社会ではそんな対応はしてくれません。そこで、「私はうなずかないよ」と学生に宣言したのです。

私は、「うなずかないから、自分の思うとおりに話してごらん」と学生を促《うなが》します。手間ひまがかかりますが、学生を教育する機会は大学が最後ですから、このような対応は行うべきだと思います。もちろん、しっかりした学生もいます。また日常的な軽い会話は別です。こちらは「同意のうなずき」をしても「合いの手」をいれても、答え過ぎても、ろくろく話さなくても、まず問題はありません。

では重要な事柄についてはどうしたらよいでしょうか。それについて私は以下のようにしてきました。

第一に、できるだけうなずかないようにする。学生に、とにかく自主的に話をさせる。途中で私が質問をすることはありますが、全部を話させる。

第二に、学生の能力を見出すべく、最大限の努力をする。そう簡単にできることではないかもしれませんがとにかくその努力をする。

第三に、学生がその能力を自分で見つけたように仕向けてあげる。このことについては前にもふれました。ただし、能力を見つけたからといって、それをすぐ学生が使えるとは限りません。その能力を使えるよう、学生を鍛《きた》える必要もあります。その方法について私が考え学生に示唆《しさ》する。

考えてみると唯円は親鸞という先生を得て幸せでした。重要な問題で同意もしてくれますし、また『歎異抄』第十三章に、「【親鸞】唯円房《ゆいえんぼう》はわがいうことをば信ずるか」（中略）、「【唯円】さんぞうろう」（中略）、「【親鸞】さらば、いわんことたがうまじきか」（中略）、「【唯円】つつしんで領状《りょうじょう》（下略）」したところが、親鸞から「極楽へ往生できるから千人殺せ」と言われて、「とてもとても。一人であっても殺せません」と答えると、「【親鸞】さてはいかに親鸞がいうことをたがうまじきとはいうぞ」とあるように、しっかりと唯円を鍛えてもくれたのです。世の中が変わっても、このような人間関係は残していきたいと思います。そしてきちんと先生に対応できる能力のある人間を、子どもの時から社会全体で育てたいと思います。

筑波山《つくばさん》（つくば市筑波）

関東平野の北部にあって、富士山とならび称される信仰の山です。「西の富士、東の筑波」と言われます。親鸞は越後からこの山を目印にして関東にやって来たのではないか、という説もあります。山中には親鸞が仏・菩薩を見たという来迎谷《らいごうたに》、餓鬼《がき》を救ったという餓鬼済度《さいど》の洞窟、登山の途中で一休みしたという「お腰かけ」の岩があり、麓《ふもと》の村には年配の女性に姿を変えた筑波権現《ごんげん》と和歌のやりとりをして念仏を伝えたというナンマイ橋の遺跡などがあります。

八　真実一路

念仏者は、無碍《むげ》の一道《いちどう》なり。

（『歎異抄』第七章・真宗聖典六二九頁）

忘れられたことば

「念仏者は」は、「念仏は」と読みます。昔、「～は」などの助詞で使う漢字に、その漢字の脇にカナを振ったりせず、その漢字の下に読み方を記入することがありました。ここに挙げた「者」がその一例です。したがってこの『歎異抄』の文章は、「念仏は何ものも妨げられることのない大道です」という意味になります。私はこの文章に接するたびに「真実一路《しんじついちろ》」ということばを思い出します。

しかし当初、私は、真実一路という熟語はいったん決めた道はそのまま進むという意味だけだ、と思っていました。自分に忠実に生きるというのが正確な意味である、ということを後から知りました。私がこの熟語を知ったのは小学生の時です。山本有三《ゆうぞう》の小説『真実一路』からでした。厳密にいえば、この小説を読んだから知ったのではなく、この小説をもとにした映画を観《み》て知ったのです。もう話の筋も何も覚えていないのですが、主人公の少年が貧しい生活のなかで努力して成長していく様子を描いたもので、結論は描かず、何となく将来を匂わせて終わっていたように思います。その映画を観て、人はまじめに懸命に生きるべきものだなと思ったことを覚えています。

また一方、「石の上にも三年」という諺《ことわざ》もありますが、「真実一路」と同様に、現代ではほとんど死語になっています。でも、私が大学を卒業して就職した昭和四十年ごろは、まだ十分に生きたことばでした。社会に出れば嫌なこともたくさんあるし、仕事自体もおもしろいとは限らない。でも三年はがんばってごらん。きっと仕事が楽しくなり、意義を見出すことができる。その前にやめてしまってはダメだ。同じことの繰り返しになる。おもしろくてもおもしろくなくても、三年はしがみつけ。

日本はまだまだ貧しい時代でしたし、仕事があふれていたわけではありません。ともかくも一つの仕事を体にたたき込んで、それによって社会をわたっていく。そうでなければ生きていけない、という空気が濃厚でした。

私は大学を卒業して神奈川県の高等学校の社会科の先生になりました。新設の高校で、生徒は一年生しかいませんでした。私と年が七歳しか離れておらず、私のすぐ下の弟が私とは七歳違いということもあって、生徒は弟や妹みたいなものでした。しかし、お互いに人間同士ですし、そこは意識してよい教育ができるように、未熟だけれども石の上にも三年、教員を続けていこうという気持ちでした。

入学式の日、外に並ぶ新入生の名前を一人ずつ呼んで校内に入れるという役を仰せつかりました。生徒に軽く見られまいと、緊張して名前を呼び続けました。「はい」と返事をしてすなおに校内に入っていく生徒たちを見て、少し気が抜けるとともに、教員になった喜びを感じたことを覚えています。

その後の教員生活において、生徒との関係はかなりうまくいったと思います。私が若いというだけで生徒はついてきてくれました。むろん、廊下で生徒に会った時は、こちらから話しかけるようにしましたし、内気《うちき》で、あるいは何か問題を抱えていそうな生徒には必ず声をかけました。

やがて困難が待ち受けていました。それは、教員仲間との人間関係でした。後になってから、いまだったらもっと上手にやれたのに、と思いますが、私たちはどうしてもこの人間関係の問題がつきまといます。実際私も一部の教員との関係がうまくいかなくなって困ってしまうことがありました。長期間にわたってかなり苦しかったのですが、助けてくれた人もいましたので、乗り越えることができました。

困っていた時は、たしかに、石の上にも三年ということは忘れていましたし、真実一路についても、勝手なものでほとんど思い出すことはありませんでした。

つい最近では、大会社の若手社員のなかから「石の上にも三年」はもう古い、早く技術・知識を身につけてのし上がらないと潰される、という声が出ているそうです。その切実な声も理解してあげたいとは思いますが、しかし人生を長い目で見て自分を充実させていって欲しいと思うのです。

研究者としての歩み

近年には、人間関係の問題が盛んに言われるようになりました。それは三十年も前のバブルの時代から始まり、そしてバブルがはじけてから、さらに深刻化したと思います。家庭で、学校で、職場で、そして友人の間で、信じられないような事件も起こっています。

前にも申しましたが、私は大学を卒業してから四年後、大学院の入学試験を受け、ともかくも入学することができ、研究テーマは、担任の先生の指導や友人のアドバイスを得て、鎌倉時代の念仏僧である一遍《いっぺん》の研究にしました。

一遍は親鸞より少し後の時期に活躍した僧侶です。法然《ほうねん》の曾孫弟子にあたります。一遍は後世に時宗《じしゅう》という宗派の開祖とされ、その時宗は、「踊《おど》り念仏」で知られています。また念仏のみを大切にして、すべてを捨てよと教えましたので「捨聖《すてひじり》」とも呼ばれました。

日本史学のなかでの研究ですので、一遍の伝記や初期時宗教団の歴史が主な研究対象でした。研究というのは、どんな場合でも、とてもむずかしいものです。いままでの学者と同じ研究をしていたのでは意味がありませんし、誰も成果があったとしては認めてくれません。大学院とは、いままでどんな研究があったのかを学ぶところではなく、学ぶ上に立って、新しく作り出すところにその役割があるのです。近年、大学院に入ってもっと知識を吸収したいという人も増えてきましたが、これは大学院設立の主旨《しゅし》からは外れることになります。

新しく作り出すということは、画家や彫刻家のような芸術家が、一生懸命作品を作り出そうとするのと同じです。彼らの作品は、いままでの芸術家の作品と同じでは意味がありません。習作としてすぐれた作品を模写し模刻するのとは別問題です。

そしてせっかく新しく独創的に作り上げたと思っても、世間の人が立派な作品として認めてくれない、ということもあります。いやむしろ、その方が圧倒的に多いのではないでしょうか。芸術家の卵たちの毎日の生活はとても苦しいのです。いわば生みの苦しみです。

研究者、特に文科系の研究者も同様です。いかにすれば新しい内容で、しかも社会の人びとにも価値を認めてもらえる成果を作り出すことができるのか。それに、同じことについて毎日毎日、何カ月も何年も考えていると、飽きもきますし嫌になることもあります。そのなかでふと脇を見ると、ちょっと研究すればすぐ論文が書けそうなおもしろそうなテーマがあるではありませんか。しかもいままでの人は論文を書いていない。チャンスだ、ということでそちらに手をつけ、さっと論文が書けてしまうこともないではありません。しかし、このようなやり方では論文完成に至らないことの方が多いのです。なぜいままでの人たちが論文を書かなかったのか、まもなくそれを思い知ることになります。それは、おもしろそうなテーマだけれども、資料がないので研究が進まず、それで論文が書けなかったのです。

仮に論文が書けたとしても、思いつきで、楽をして論文が書けてしまうと、また本筋の研究テーマに戻っても、こちらでは依然として行き詰まっていますから、また何か他のやりやすいテーマはないかと探してしまいます。

それこそ苦しさのあまり、または気の迷いで脇道にそれて、よいことは一つもありません。やはり真実一路です。進むと決めた道は、そのまま進むべきです。同時に、より頭を柔軟にして研究方法の工夫をすべきで、このことは、後で非常に役立ちます。

また研究者が評価される時には、何を主題にして研究を続けてきたのかも問われます。一貫性が大切なのです。大学や研究所などの研究機関で研究者の募集をする時も、やみくもに募集するのではなく、分野を限定して募集します。候補者について、いままでの研究成果とともに、その成果をもとにしての将来性はどうかなどの審査を行います。興味がさまざまに飛ぶような候補者についての評価はとても低くなります。やはりここでも重要なのは、真実一路なのです。

私は、いずれは大学に職を得て、研究や学生諸君の教育に当たりたいと願っていました。それを目標に一遍の歴史学的研究を進めていましたが、一遍についての史料は少なく、研究は難航しました。

一遍が活躍した鎌倉時代の他の僧侶には、多くの史料を残した人もいます。たとえば、一遍と同じころの日蓮《にちれん》には、自筆の書籍や手紙が四百通以上もあります。日蓮筆として後世に作成されたらしいものも同数以上あります。後者は、厳密な日蓮の伝記研究からは排除されなければなりません。日蓮ほどではありませんが、親鸞自筆の史料もかなりあります。一遍の場合、自筆はまったく残っていませんので、写本《しゃほん》や伝記絵巻等を史料として考えていかざるを得ませんし、それらも一遍の伝記を語る上でほんとうに使用できるのか、そこから検討していかねばなりません。

今後、一遍の自筆史料が発見される可能性がないとは言えません。しかし研究者の卵としての大学院生の私は、早く論文を書かなければ世の中に認めてもらえませんから、それを待つわけにはいきません。

このような時に、A先生は、「今井さん、他の分野に気を散らしてはいけません。そこにはおもしろそうなテーマもあるでしょう。でもそれに手をつけるのは、一遍の研究でひととおりの成果があがってからにすべきです。一遍の研究なら今井だ、と言われるようになるべきです」と諭《さと》してくださり、私は、〝そうか〟と思って脇道にそれるのを止めました。

その結果、長い時間がかかりましたが、一遍についての博士論文を完成させることができました。後に吉川弘文館という歴史学の研究書で知られた出版社から、『時宗成立史の研究』として刊行してもらいました。博士論文と同じ題です。真実一路でした。

前に述べましたように、私はいったん歩き始めた道を、いろいろな困難や邪魔、誘惑があっても、気持ちを強くして進み続けるのを真実一路だと思っていました。自分に忠実などという立派な気持ちではなく、石の上にも三年で、いったん決めたことはそのまま続けるべきだという気持ちに過ぎなかったと思うのです。そして自分の進んでいる道が正しいのかどうかという判断はさておいても、進み続けることの重要性は実感しました。

次に大学院生時代の真実一路の副産物について述べたいと思います。大学院生活で困ったことの一つは、研究成果がなかなか個別の論文にならないということでした。一挙に博士論文というわけにもいきません。少しずつ書いて発表し、その論文に対する他の研究者の評価も取り入れつつ、研究を進めるのです。

大学院修士課程・博士課程合わせて八年間のうち、六年目からやっと思うような内容の論文が書けるようになりました。八年目の後半には論文の数は十本になっており、後輩に「今井さんは、いま売り出し中ですね」と言われて気分がよかったことを覚えています。そしてこのころ、文章が書けるうれしさに目覚めました。とにかく長い間、思うような内容が書けなかったので、書くことができ始めるとどんどん書くようになりました。書いて他人に褒めてもらうとうれしいものです。「あれを読みましたよ」と言われるだけでもうれしい。それを励みにまた書くというようになりました。私は、社会は認めてくれる、この研究の道は正しい、さらにこのまま進もうと思えるようになったのです。

博士論文の完成を武器に、茨城大学に助教授として就任することができました。二月初旬の寒いなか、採用試験ということで茨城大学に面接に行ったことを覚えています。

論文の次には、長い間望んでいた研究書（単行本）の出版もできるようになりました。個別の論文の執筆と、単行本の作成との相違は、すでにA先生から教えてもらっていましたし、どこに苦労するか、どのような工夫が必要かということもわかっていました。

また大学院で指導を受け、博士論文の主査にもなっていただいたB先生から、「個別の論文を書く時は、将来そのいくつかを合わせて本にするとよい。本の一章一章になるように論文を書いていくのがよい」という教えもいただいていました。できるだけその方向で研究し、論文を書くようにしました。

これもまさに真実一路でした。

もちろん、それ以外の分野の論文を書かなければならないこともありますし、エッセイや一般の方々向けの原稿を頼まれることもあります。しかしあくまでも「一遍の今井」という道を進むことにしました。どれにしても書けることがうれしい、という気持ちはいまでも持ち続けています。書くことによって社会にお返ししようという気持ちも増してきました。これは真実一路の副産物ですが、現在では副産物の方が生活の軸になっている感じです。

無数の寄り道のなかから

『歎異抄』第七章には、「念仏者は、無碍《むげ》の一道《いちどう》なり」という文章に続き、次のことばが記されています。

そのいわれいかんとならば、信心の行者には、天神地祇《てんじんじぎ》も敬伏《きょうぶく》し、魔界《まかい》外道《げどう》も障碍《しょうげ》することなし。罪悪も業報《ごうほう》を感ずることあたわず、諸善《しょぜん》もおよぶことなきゆえに、無碍の一道なり　（真宗聖典六二九頁）

「なぜかと言いますと、阿弥陀仏の本願《ほんがん》を信じている人には、天上と地下の神々も敬い、悪魔や異教徒も邪魔をすることができません。罪を犯していても、その結果としての報《むく》いを受けることはありません。善行《ぜんぎょう》を積んでいたとしても、それも極楽往生には無関係です」。信じている人が進む道では、何ものも遮《さえぎ》ることができません、という内容です。

最初から「これが正しい」「これを信じて進もう」と決心できることは、なかなかむずかしいのではないかと思います。誰でも即座に、簡単に信じることができれば、人生は楽、信仰は容易ということになります。でもそれができないからこそ、「念仏者は、無碍の一道なり」という教えが説かれているのだと私は思います。私自身の体験でも、この道がよいのだ、誘惑や邪魔があっても、また善悪のことで忸怩《じくじ》たるものがあったとしても、前進できるのだと思えるまでに時間がかかりました。

そして人の個人個人の生き方を超えて、ただ一つの真実は何か。親鸞と唯円ではそれが阿弥陀仏を信じることでした。「正像末和讃」の第一首に、

弥陀《みだ》の本願信ずべし
本願信ずるひとはみな
摂取不捨《せっしゅふしゃ》の利益《りやく》にて
無上覚《むじょうかく》をばさとるなり
（真宗聖典五〇〇頁）

とあります。その第一行は、「阿弥陀仏の本願を信じようではありませんか」という意味です。私はこの簡潔で要領を得た「弥陀の本願信ずべし」という文が好きで感動します。ただ、短いことばであり、最初から理解するのはむずかしいことばでもあります。それを説明的に述べているのが『歎異抄』第一章の文章です。

弥陀《みだ》の誓願不思議《せいがんふしぎ》にたすけられまいらせて、往生をばとぐるなりと信じ

て念仏もうさんとおもいたつこころのおこるとき、すなわち摂取不捨《せっしゅふしゃ》の利益《りやく》にあずけしめたまうなり。（真宗聖典六二六頁）

親鸞が崇敬《すうけい》した聖徳太子は、「世間虚仮《せけんこけ》、唯仏是真《ゆいぶつぜしん》（世の中のことは仮《かり》のものであって、虚《むな》しいものだ。ただ仏の教えに生きることこそ、真の生き方だ）」という八文字を残したことによって、日本仏教の開祖とでも言うべき立場にいます。

繰り返せば、「世の中のことはすべて虚しく、仮のものである。ただ一つ、仏の道にこそ真実がある」と聖徳太子は述懐しました。この心境に至り着くまでに、太子はどのくらいの年数を要したのでしょうか。

『歎異抄』第七章には「天神地祇」「魔界外道」「罪悪」「諸善」、同第一章には「老少善悪」「罪悪深重《ざいあくじんじゅう》・煩悩熾盛《ぼんのうしじょう》」などという人生の無数の寄り道が記されています。「無碍の一道」に至り着くまでには長い迷いの年月があるのだろうと私は思います。

聖徳太子立像（水戸市酒門町・善重寺蔵）

像高131.8センチ、当初の彩色が鮮明に残って美しく、顔つきのりりしい聖徳太子像です。手には笏《しゃく》（俗界の支配を表わす）と柄香《えこう》炉《ろ》（親への孝行を表わす）が、衣には鳳凰《ほうおう》（国王を表わす）と宝輪《ほうりん》（仏法を表わす）の模様があり、聖俗両界に君臨《くんりん》する姿を示しています。この形式の太子像を、真宗では「真俗二諦像《しんぞくにたいぞう》」と称しています。本像は鎌倉時代の制作と推定され、国指定重要文化財です。善重寺では毎年２月22日のみに公開しています。

九　厳しく、いさぎよく

親鸞《しんらん》は父母《ぶも》の孝養《きょうよう》のためとて、一返《いっぺん》にても念仏もうしたること、いまだそうらわず。
（『歎異抄』第五章・真宗聖典六二八頁）

生きる指針

本書前半の「わが心の『歎異抄』」の最後として、第五章にあるこの有名な文章を取り上げることにしました。『歎異抄』の奥深さは、真宗の信仰を持つ人にとどまらず、それ以外の人たちにも感銘を与えるところにあると思います。

『歎異抄』は、広くそれを読む人の生きる指針になっているのです。そうでなければ、この本が公開された明治時代以降、こんなにも高い人気を保ち続けたはずはありません。

なぜ明治時代に人生の指針になったのか。それを私は次のように理解しています。明治時代以前の社会、つまり江戸時代は、人間の個性が大切にされた時代ではありませんでした。日本列島という限られた面積と空間の世界のなかで、いかに波風を立てずに生きていくのか。このことが追求されました。『葉隠《はがくれ》』の「武士道とは死ぬこととみつけたり」というのは、とにかく家来は主人の言うとおりにしなさい、という教えです。また儒学者《じゆがくしや》は「貞女《ていじよ》は二夫《じふ》にまみえず」と説きました。女性は再婚するべきではない、という考え方です。でも、将軍の家来である御家人《ごけにん》たちは、五回も六回も離婚再婚を繰り返す人たちが実際には大勢いたそうです。

しかし明治時代になり、西洋風の考え方が価値あるものとして日本にどっと入ってきました。西洋では人間の個性が確立している、少なくとも確立することはすばらしいことだとされている、ということが日本の知識人たちにわかりました。西洋に追いつこうとしている日本社会のなかで、知識人たちは、個という問題をどうしたらよいのだろうかと考えました。

そこで発見されたのが『歎異抄』です。『歎異抄』を読むと、親鸞は人間というものを極限まで見つめている。「悪」などを軸として自分を反省しつつ、阿弥陀仏とのかかわりのなかで自分を見出そうとしている。自分を見つめ、個人として生きるよすがになる指針となる、と明治の人たちは『歎異抄』を評価したのです。

第二次大戦後にも、『歎異抄』は大いに読まれました。敗戦によって価値観が急激に変化したなかで、動揺する自分の生き方を見つめるのにかっこうの本だったと思われます。比較的短文で、しかも名文であるところが人びとの心を惹きつけ生きる指針となっていったのでしょう。

本書もそのような立場から書いてきました。ではなぜ本書前半最後に第五章を取り上げたのか。それはおいおい記したいと思います。

父母のためという理由では念仏を称《とな》えず

親鸞が「私は、父母が極楽浄土に往生してくださいと願う目的で念仏を称えたことは、一回もありません」と言ったと記されているのは、衝撃的なことです。ほんとうなのでしょうか。この父母とは、一般的にはすでに亡くなっている人のことでしょう。その父母（または父か母のどちらか）が、仮に地獄に堕ちていても、助けたいという理由で念仏を称えたことはない、そもそも念仏は手段ではないと言うのです。それについて親鸞は、

そのゆえは、一切《いっさい》の有情《うじょう》は、みなもって世々《せせ》生々《しょうじょう》の父母《ぶも》兄弟なり。いずれもいずれも、この順次生《じゅんししょう》に仏《ぶつ》になりて、たすけそうろうべきなり。わがちからにてはげむ善にてもそうらわばこそ、念仏を回向《えこう》して、父母《ぶも》をもたすけそうらわめ。ただ自力《じりき》をすてて、いそぎ浄土のさとりをひらきなば、（中略）まず有縁《うえん》を度《ど》すべきなり

（真宗聖典六二八頁）

と述べています。むろん、親鸞は父母に地獄に堕ちてもらいたいのではありません。「父母には極楽に往生してほしいのですけれど、自分という人間の力ではどうなるものでもありません。それに、すべての人間は遠い過去以来のいずれかの世の父母兄弟なのです。救うのなら、いまの世の直接の父母だけではなく、すべての人びとを救うべきです。そうしなければ、過去の世の私の父母は救いから洩《も》れてしまうではありませんか。私たちは自力の善を積む行いをやめて、阿弥陀仏の教えを信じ、身近な人から救っていくようにしましょう」。このようにも説いています。

『歎異抄』で終わった私の父

私の両親は三重県の出身です。父は中学生の時に伯父を頼って東京に出て、苦学して旧制中学校（商業学校）を卒業しました。在学中は算盤《そろばん》部の部長を務め、また品行方正《ひんこうほうせい》な人物として表彰され、メダルをもらうような父でした。卒業後、東京のある大きな会社に入り、やがて妻を故郷から迎えました。私の母です。さてこれからという昭和十七年、父が三十歳の時、召集令状がきたのです。

父は、私がお腹のなかにいる母を残し、訓練を受けるために出身地の三重県津《つ》市の連隊に入りました。ある時、上官から呼び出しを受け、「また叱られるのかな」と思って行ってみると、「息子が生まれた」という知らせだったといいます。私のことです。やがて戦地へ行く時期となりました。

その知らせを受けた母は、生まれてまもない私を抱いて東京から汽車に乗り、指定されたとおりの津駅のホームで「ひと目だけでも」と父に私を見せたそうです。そのおりの両親の気持ちを思うと、私は胸がいっぱいになります。

一九四七（昭和二十二）年、父は復員《ふくいん》しました。戦闘帽をかぶり、大きなリュックを背負ってにこやかに家に入ってきた若々しい父の顔をいまでも覚えています。その後、一家で東京に戻りましたが、かつての会社はすでになく、他人の会社を引き受けましたが、私が高校三年の時につぶれてしまいました。復員後に生まれた子どもも合わせて四人の息子を抱え、たいへんだっただろうと、後になってから思いました。

現在私は大学で教えていますけれども、はじめは高等学校で教えていました。そのレールを敷いてくれたのは父でした。若気の至りで、大学生のころ、そのレールについて一回だけ文句を言ったことがあります。父は「そうか」と答えただけで、後は何も言わず、そのしょんぼりした顔を見て、私は文句を言うのをやめました。

そんな父が私が四十二歳の時に亡くなりました。ある朝脳梗塞《のうこうそく》で倒れているのを母が発見し、入院させましたが、結局一カ月半ほどで亡くなりました。七十二歳でした。私の十三歳離れた一番下の弟が結婚してまもなくのことで、これからゆっくりできる時だったのにと、皆の口から出ました。父の机の上には『歎異抄』が置いてあったと母が言いました。父が最後に開いた本は『歎異抄』だったのです。

父について私がもっとも思うのは、生まれたばかりの私に津駅で会った時の父の気持ちです。「この子を残して戦地に行くのか」と、後ろ髪を引かれる思いだったと思うのです。その父の孝養《きょうよう》のために念仏を称えたことは一回もない、と私は言えるのでしょうか。

鎌倉時代の父母と子

父母が子を思い、子が父母を思うのは自然な感情です。それに加えて、親鸞が生きた鎌倉時代にはもう一つ、父母を大切にしなければならない理由がありました。それは財産の相続にかかわります。

父が財産（たとえば土地や家などの不動産）を子に譲ったとします。するとその子は父が亡くなるまで、孝行を尽くさなければならないのです。もちろん、それは当然のことなのですが、子にとってもっと切実な問題がありました。それは、孝行を尽くしていない、親不孝な子だと親に思われたら、財産を取り返されてしまうという問題です。親が「譲ったことを後悔し、取り返す」ということで、これを当時の言葉で「悔返《くいかえし》」といいました。

さらに言えば、実際には孝行を尽くしていても、「親不孝」のひとことで取り返されてしまうこともある、ということなのです。

実際、鎌倉時代には「父が勝手に私の財産を取り上げて、弟に譲ってしまった。私は親孝行をしているのに、これは理不尽だ。財産を返してほしい」という訴えが当時の裁判所に申し立てられたことがあります。裁判所の判断は、「父がそのように言うのなら、裁判所は父の言い分を認めるしかない。なぜならそれは裁判所で左右することのできない父の権利だから」ということでした。このような事件は何度もありました。

現代でしたら、登記所《とうきしょ》へ行って登記の変更をしてしまえば、もう父が手を出すことはできず、所有権は子に完全に移ります。

このようなことは母であっても同じことです。鎌倉時代の女性は家庭的にも社会的にも権利が強く、夫とは別の財産を持っていることが普通だったからです。

「孝行」と「孝養」とはほぼ同じ意味です。父母のためにという理由で念仏を称えないのは、親不孝以外の何ものでもない、という見方もできることになります。この世に健在のうちに、その親の来世での極楽往生を願うというのも普通のことでした。したがって、親鸞の主張は宗教的にも俗世間的にも親不孝、ということになりかねません。

親鸞と父母

では親鸞は自分の父母のことをどのように考えていたのでしょうか。父である日野有範《ひののありのり》の伝記はよくわかっていませんが、若いころに出家《しゅっけ》して日野の里の奥にある山に入り、三室戸《みむろど》の入道《にゅうどう》と呼ばれたようです。長男の親鸞以下、四、五人の息子たちも全員が次々と出家しました。有範はよほどの政治的失敗をしてしまったのです。

失敗した事情について、考えられていることがあります。それは親鸞が出家したのは九歳、一一八一（養和一）年であったということが一つの手がかりです。この前の年、大きな事件がありました。当時朝廷の実権を握って全盛期にあった平清盛《たいらのきよもり》に対し、以仁王《もちひとおう》が源頼政《みなもとのよりまさ》の助けによって乱を起こしました。以仁王の乱と呼ばれて世間を驚かせた事件です。三井寺《みいでら》（園城寺《おんじょうじ》）や奈良の寺々も味方していたといいます。しかし、この企《くわだ》ては失敗しまして、以仁王は流れ矢に当たって命を失いました。

この以仁王の企てに、親鸞の父日野有範も参加していたのではないか、という推測があるのです。有範の兄の日野宗業《むねなり》は以仁王の学問の師匠で、戦死した以仁王の首実験に呼ばれています。つまり、この首はたしかに以仁王の首であると証言したのは宗業であり、宗業は以仁王と親しかったのです。ですから、その弟の有範も親しかった可能性は大です。しかも、有範は三男ですから、朝廷での官職は低く位置づけられていますので、出世するためには、何か思い切ったことをやらなければなりません。その状況が有範をして以仁王の企てに参加する道を選ばせたのではないかという推測です。

しかし失敗したため、捕まって殺されるかもしれません。そのような人たちが社会的地位を維持するには寺に入るしかない、というのが当時の習慣でした。ただ、有範はかなり長生きをした気配があり、親鸞が三十代のころまでは生存していたようです。

一方、親鸞の母については、まったくと言っていいくらい、何もわかっていません。母は吉光《きっこう》という名前であったという説があります。しかしこれは親鸞が亡くなってから二百年も経って作られた書物に出てくる説です。それがほんとうかどうか確認のしようがありません。

親鸞の著作にも、自分の父母のことはまったく書かれていませんが、父母についての一般的な話として、たとえば「浄土和讃《じょうどわさん》」に、

子の母《はは》をおもうがごとくにて
衆生仏《しゅじょうぶつ》を憶《おく》すれば
現前当来《げんぜんとうらい》とおからず
如来《にょらい》を拝見うたがわず

（真宗聖典四八九頁）

とか、「正像末和讃《しょうぞうまつ》」に、

救世《くせ》観音大菩薩《ぼさつ》
聖徳皇《しょうとくおう》と示現《じげん》して

多多《たた》のごとくすてずして（「多多」は父のこと）
阿摩《あま》のごとくにそいたまう（「阿摩」は母のこと）　（真宗聖典五〇七頁）

大慈救世聖徳皇《だいじくせしょうとくおう》
父《ちち》のごとくにおわします
大悲救世観世音《くせかんぜおん》
母《はは》のごとくにおわします　（真宗聖典五〇八頁）

他一句がある程度です。

ただ間違いなく言えることとは、親鸞の時代には現代よりも父母への孝養は重要なことであり、それが常識でした。親鸞はその常識を打ち破るかたちで、「父母の孝養のためとて、一返にても念仏もうしたること、いまだそうらわず」と宣言したのです。強い決心が必要だったはずです。しかし阿弥陀仏の教え、念仏の教えを示すために、極端な例を挙げて身をもって説こうとしたのだと私は思います。

つけ加えれば、母が不明なのは親鸞だけではありません。恵信尼《えしんに》の母も、善鸞《ぜんらん》も如信《にょしん》の母もまったく不明です。やっと覚如《かくにょ》の母が中原という家の出身だということが判明する程度です。人間についての関心の持ち方が、当時と現在とでは異なるということでしょうか。

自分に厳しく、いさぎよく

昔であっても自分の生き方に厳しくない人はいたと思います。しかし現代において、特に最近、厳しくない人が目立ってきたような気がします。鉄筋コンクリートの建物の設計図を作った人が、強度をごまかし、震度五強で倒壊する恐れのあるマンションが作られ、入居者が恐怖を感じている。教員が教え子の女生徒・児童に性犯罪とも言うべきみだらな行為をする。国民の税金で生活している高級官僚が、いつのまにか巨額の退職金を手にできるような規程を作ってしまっている。

人間は誰でも気楽に生活をしたい時もあれば、息抜きをしたい時もあると思います。近年はやりのことばで言えば、「癒《いや》し」も必要な人もあるでしょう。しかし「人間はこのように生きるべきである」「このようなことをしてはいけない」という心のなかの規律は必要なのではないでしょうか。最低限、自分が生きる上で守っていく規律はあるべきです。それがなければ人間社会は成り立たないでしょう。

親鸞はこのような考えのもとで、阿弥陀仏の教えを説く者として、自分の心の規律を述べたのではないかと私は受けとめています。自分は親不孝と言われてもいいのだ、たとえ言われても、正しいと信じている信仰の道はつらぬくべきだ、と親鸞は決心していたのであろうと思うのです。

親鸞はまじめで自分に厳しい人であったと思います。そのような生き方を一生涯つらぬいた人は、往々にして金銭的には貧しかったりするものです。親鸞もそうでなかったとは言えないと思います。しかし無数の人たちに生きる指針を与え続けています。

自分の生きるべき方向には厳しく、そしていさぎよく生きたいというのが私の願いです。本書前半の最後は『歎異抄』第五章に示された親鸞の気持ちを推測しながら、このような私の気持ちも述べさせていただきました。以下、本書後半では、『歎異抄』はどのような地理環境と人間関係のなかで成立したのか、ということについて述べていきたいと思います。

日野有範絵像（東本願寺蔵）

親鸞の父として伝えられている日野有範の絵像です。親鸞の出身は中級の貴族日野氏と考えられています。有範には長兄範綱《のりつな》、次兄宗業《むねなり》があり、有範自身は皇太后宮大進《こうたいごうぐうのだいしん》という官職にあったとされています。身分的にはかなり低い職です。有範は親鸞が９歳のころに出家しますが、早死にしたのではなく、親鸞が30代になるまで隠遁《いんとん》の生活を送っていたようです。

第二部　『歎異抄』と唯円

一　河和田とその周辺

「うみかわに、あみをひき、つりをして、世をわたるものも、野やまに、ししをかり、とりをとりて、いのちをつぐともがらも、あきないをもし、田畠《でんぱく》をつくりてすぐるひとも、ただおなじことなり」。

（『歎異抄』第十三章・真宗聖典六三四頁）

水戸に住んで

「海や川で網で魚を獲り、釣りをして生活する漁師《りょうし》も、野山で獣や鳥を獲って生きる猟師《りょうし》も、商売をする人も、農業をして毎日を過ごす人も、極楽往生のためにはまったく同じ立場です」。漁師や猟師は、生き物を殺すことによって毎日の生計を支えています。一見、戒律《かいりつ》に背《そむ》く行いをしているので、商人や農民より極楽往生できにくい、と思うかもしれませんが、決してそういうことではありません。彼らは生き物を殺して生きざるを得ない身を生きているのです。私たちはその悲しさを十分に自覚し、お互いに思いやり深く生きるべきでしょう。その上で、私たちはひたすら阿弥陀仏の本願をお頼みしましょう。『歎異抄』第十三章の前掲文章の少し後に、「さればよきことも、あしきことも、業報《ごうほう》にさしまかせて、ひとえに本願をたのみまいらすればこそ、他力《たりき》にてはそうらえ」とあります。

唯円が住んで報佛寺《ほうぶつじ》の基礎を作った河和田は、まさにここで話題にしたような人びとの住んでいるところでした。現在、河和田は茨城県水戸《みと》市に属しています。「河和田」の読み方は「かわだ」ではなく「かわわだ」です。明治時代に出版された、江戸時代以前の歴史と地理を伝える『新編常陸《ひたち》国誌』にも、読み方は「加波和陀《かわはだ》」とありますから、昔から「かわわだ」と発音していたものと考えられます。「河和田」の読み方について、『新編常陸国誌』

より古い史料はありません。大阪府や福井県その他にも「河和田」という漢字で示す地名はありますが、その読み方はそれぞれの地域の事情によります。

私は数年前まで水戸市に住んでいました。報佛寺から西へ三キロばかりのところで、そこに三十七年近く住みました。東京から北方へ約百キロです。気温は、昼間は東京とほとんど変わらないのですが、夜はかなり低くなります。それも午後三時ころから急に肌で感じるほど気温が下がってくるのです。というのも、私は水戸へ来るまで五歳のころから東京または神奈川に住んでいたので、水戸での気温の変化が敏感に感じられたものです。生まれてからずっと神奈川県に住んでいた妻も、同じ感想でした。

茨城県は太平洋に面していますが、他の太平洋に面している関東地方の諸県と異なることがあります。それは茨城県沖のみ、寒流が北から流れてくるということです。冬の夜、外に出ると寒いのはあたりまえですが、水戸へ住むようになってから、ときどき妻の実家のある横浜市に行くと、冬の夜に外へ出ても寒いとは感じないことに驚きました。

水戸での冬は、年によりますが、概して雪はあまり降りません。しかし日本海側から吹く風が、新潟県あたりで雪として水分を落とした後、乾燥した冷たい風として関東地方の北部に吹き込みます。新潟県の東隣りにある群馬県の空《から》っ風は有名ですが、栃木県・茨城県と続くところの水戸市でも相当に寒いです。水戸市は全体が馬の背中のような形の高台にあるので、風当たりが強いわけです。

私と家族が水戸へ住むようになってから何年かして、茨城県では減塩運動が始まりました。寒い土地柄のせいか、塩分濃度の高い食習慣だったのを改めようというわけです。私の家でも妻が可能な程度に塩分の少ない食事を作ることを心がけ、味噌汁もそのようにしました。しかしかなり経ってからですが、小学校に通う娘が給食の味噌汁が辛いと言い出しました。学校でも気をつけていたには違いありませんが、どうしても味付けする人たちが自分の味覚で作ってしまっていたのでしょう。

また茨城県のことばは、他の北関東二県の群馬・栃木と異なり、東北方言の影響下にあります。群馬・栃木の言葉は関東方言のなかです。アクセントがないのも茨城方言の特色です。東京・神奈川から来た者は、雨と飴や箸《はし》と端《はし》のアクセントに区別がないことに困惑します。これらのことばは共通語では区別があるということ自体、意識したことがないのが普通のようです。

新しいところに住むと、いろいろな思いが生まれます。しかし水戸に住んでしばらく経つと、他の地域に移る気持ちがなくなりました。真剣に引っ越しを考えなければならない機会が二回あったのですが、結局引っ越すのをやめました。自然が多く、静かな、そして必要があれば東京にすぐ出られるという環境が気に入ってしまったのです。農産物が豊か、ということも住みやすい理由の一つです。ただ三回目の引っ越しの機会には実際に移り住むことになり、それが現在住んでいる東京都杉並区です。

水戸市内を流れる大河の那珂川《なかがわ》は、鮭が上ってくるので有名です。鮭の南限の川とされていたこともありますす。沖合を寒流が流れていることと関係があるのでしょう。やや小振りですがおいしいとされており、江戸時代には大切な資源として水戸藩が厳重に管理・保護しました。私も一尾もらったことがあります。もちろん、合法的に獲って、合法的に売却したのをいただいたのですが、新鮮で魚肉もイクラもことばにならないほどおいしく、家中で大喜びしました。

唯円が生きた社会と人びと

では親鸞や唯円が活躍したころ、河和田とその周辺はどのような社会で、どのような人びとが住んでいたのでしょうか。

常陸国北部は七つの郡があり、奥七郡、または奥郡《おうぐん》と呼ばれていました。

親鸞の手紙によく出てくる地名です。その東南の地域に接して吉田郡がありました。那珂川を中央にして、水戸市・茨城町の北半・ひたちなか市・東海村一帯の地域です。

河和田は、客観的な地理関係で判断すると、吉田郡の南西部に位置します。河和田の初見は、覚如の息子存覚《ぞんかく》の『存覚一期記《いちごき》』で、そこには、覚如の叔父の唯善《ゆいぜん》について、「居奥郡河和田嫁」とあります。これは「奥郡河和田に嫁して居す」あるいは「奥郡に居して河和田に嫁す」などと読めます。「嫁す」というのは、結婚して相手の家に住むことをいいます。ですから「河和田に住む女性と結婚し、唯善はその家に住むことになった」という意味になります。

河和田が奥郡の内とすると那珂西郡に属します。本来はそうだったのですが、十世紀ごろに吉田神社の神領《しんりょう》を中心にして那珂川の下流に広い面積の郡、吉田郡ができました。那珂東郡・那珂西郡のかなりの部分もそこに入り、河和田あたりも吉田郡に取り込まれたと思われます。しかし新しい那珂西郡との境目付近ですし、また吉田郡は私称ですので、十三世紀の河和田はどちらの郡名をかぶせればよいのか、いまだ検討課題です。吉田神社は、平将門《たいらのまさかど》で有名な常陸平氏《ひたちへいし》の守護神《しゅごしん》で、大勢威《だいせいい》を振るっていました。

吉田神社は現在のJR常磐線《じょうばんせん》水戸駅の南東一キロのところにあります。平安時代の全国の有力神社を一覧にした『延喜式《えんぎしき》』神名帳《じんみょうちょう》に、神社の最高位である名神大社《みょうじんたいしゃ》として、常陸国では七社が登録されています。吉田神社はその一つで、日本武尊《やまとたけるのみこと》を祭神《さいじん》としています。また吉田神社は常陸三《さん》の宮《みや》ですが、広大な荘園《しょうえん》を有していたことで知られています。神社の修理などの費用は、吉田郡と那珂東郡・那珂西郡が賄《まかな》うことになっていました。河和田あたりは直接の吉田神社領ではなかったようですが、しかし政治上また宗教上、この神社の影響が及んでいたことは間違いないと思われます。

河和田のあたりには台地や山林、河川などが多くありました。報佛寺のすぐ北には桜川《さくらがわ》が流れています。十キロ南には涸沼《ひぬま》湖、三キロほど東には千波《せんば》湖があります。現在の河和田報佛寺は、戦国時代の河和田城の跡に建てられたもので、現在でもそのころの土塁《どるい》や堀跡が残っています。もともと、やや高台《たかだい》の地であったと考えられ、泉も湧いていました。報佛寺は江戸時代になって再興されてからの寺名で、戦国時代には近くの竹内というところに泉渓《せんけい》寺という名で存在していたといいます。いかにも泉から水が流れ、渓谷を形作っていたことを思わせる寺名です。その由緒からでしょう、報佛寺の院号は泉渓院《せんけいいん》といいます。

報佛寺が当初道場として存在していたのは、現在地より数百メートルほど南方の田のなかでした。現在では、本来の名は「心字池《しんじいけ》」、通称「道場池」と呼ばれているところです。地名で言えば大字河和田町字榎本《えのもと》で、当時であっても、さすがに田のなかでは建物は建てられませんから、その付近の水に浸《ひた》っていない土地に道場があったのでしょう。

そのあたりに住む人びとは、主に台地の上に開かれた畠《はたけ》や、山林での狩猟、沼や川そして海での漁業で生計を立てていたものと思われます。付近には桑が植えられていましたので、絹の生産地でもあったと考えられます。絹の糸、布の生産と、市へ行って売ることとは女性の仕事でした。同時に女性の権利でもありました。ここに河和田付近の女性の生活の一端がかいま見えます。猟師、漁師、商人、農民、まさに『歎異抄』第十三章の世界です。

河和田あたり

ところで、一二五〇（建長二）年十一月二十八日、鎌倉幕府は常陸守護の宍戸《しし ど》国家《くにいえ》と下総守護《しもうさしゅ ご》の千葉頼胤《ち ば よりたね》、陸奥国留守所《る す どころ》の伊沢家景《い さわいえかげ》にさる命令を下しました。宍戸国家らの「守護」と「留守所」は役職名で、それぞれの国の幕府側の支配者です。特に軍事・警察権を持っていました。朝廷の各国の支配者は守《かみ》や介《すけ》です。

幕府の命令には次のようにありました。

放遊浮食の士、事を双六《すごろく》に寄せて四一半を好み、博奕《ばくえき》を事となす。なかんずくに陸奥《むつ》・常陸《ひたち》・下総《しもうさ》、此の三ヶ国の間、殊に此の態盛んなり。風聞の説あるに随って今日驚き御沙汰あり。自今以後においては、囲碁《いご》の外、博奕に至りては、一向に停止《ちょうじ》すべきの由、仰せ出ださるる所なり。

（『吾妻鏡《あづまかがみ》』建長二年十一月二十八日条。原漢文）

「まともな生業《なりわい》にもつかずに遊びまわっている者が、双六をしている風をよそおって博打《ばくち》を行っているそうだ。特に陸奥・常陸・下総の三カ国で盛んである。これを将軍がお聞きになって驚かれ、本日命令があった。囲碁は行ってもよいが、博打は厳しく禁止する」。このような命令です。

双六は、現在と異なり、大人の遊びでした。双六盤の前に二人で向かい合って座り、二個の采《さい》（サイコロ）を竹または木の筒に入れて振り出し、自分の十二の駒《こま》を先に相手の陣地に入れ終わった方が勝ち、というゲームです。当時平安時代末期には、貴族といわず武士・庶民のなかで大流行しました。当時の民衆の生活を記した『梁塵秘抄《りょうじんひしょう》』には、

我《わ》が子は二十《はたち》に成《な》りぬらん、博打《ばくち》してこそ歩《あり》くなれ、国々《くにぐに》の博党《ばくとう》に、さすがに子《こ》なれば憎《にく》かなし、負《まか》いたまふな、王子《おうじ》の住吉西《すみよしにし》の宮《みや》。

（岩波文庫本『梁塵秘抄』）

「私の子は二十歳になったでしょうか、各地を博打で歩きまわっています。博打はよくないことだと思いますが、さすがに我が子なのでいとおしいのです。博打で負けないで。住吉神社や西の宮神社の神様、私の子に勝たせてやってください」と、博打うちの子を持った母親の心境がつづられています。

博打うちは各地を勝負してまわるのです。それは治安《ちあん》が乱れることにもなるため、朝廷も幕府も取り締まったのです。しかし、この一二五〇年の幕府の禁止令を見ますと、常陸国は下総・陸奥と並んで博打が盛んで、「放遊浮

食の士」が目立っていたのでしょう。

もっと早く、一二一七(建保五)年にも吉田神社に仕《つか》える者について、神社の建築費用を使い込んだとして厳しく叱った記録があります。そこには、

其の物を以て併《しかしなが》ら双六の負累《ふるい》を償《つぐな》うと云々。凡《おおよ》そ言語道断の所為《しょい》なり。博奕は公家《こうけ》殊に禁制あり。

(吉田神社文書。原漢文。『茨城県史料　中世編Ⅱ』)

「神社の建築費用を使って博打の借金の返済にあてたそうだ。まったくけしからん行為だ。博打は朝廷が特に禁止していることだ」とあります。「双六の負累」というのは、双六遊びが賭けに使われた、ということになります。さらに言えば、二個の采と竹または木の筒だけで勝負をするという、単純な博打もすでに生まれていました。

このように見てくると、常陸国は博打が盛んで、何か粗雑な、乱暴な土地柄だと思われるかもしれませんが、そうではありません。右の史料の末尾に、

〝博打は朝廷（公家）でも特に厳しく禁止しているところ〟とつけ加えられています。双六博打は京都、そして『梁塵秘抄』に見られるように畿内から各地に広まっていたのです。常陸や陸奥《むつ》などあとから広まった地域が取り締まられているのです。

一二四一（仁治二）年、吉田郡国井の武士が仲間何人かを集めて博打をうったことにより、幕府によって鎌倉の鶴岡八幡宮の神職を解任されています。また幕府は、彼らの主人である国井五郎政氏と那珂左衛門入道道願にも、博打をうった者たちを罰するよう命令を下しています。唯円の活躍した地域では、博打うちも盛んに活動していたのです。それはまた経済的に豊かであった地域であることも意味しています。

また吉田神社の問題があった一二一七年といえば、親鸞が関東へ来て三年後です。親鸞は関東の庶民の活発な生活にふれていたのです。信仰のあり方について大いに刺激を受けたものと思われます。

親鸞と恵信尼との結婚

ところで、河和田あたりは人びとが活発なだけの地域だったのでしょうか。それがそうではないのです。京都を身近に意識できる地域でもあったのです。それは小鶴荘《こつるのしょう》という河和田の数キロ南方に広がる荘園があったからでした。

小鶴荘は常陸国で二番目か三番目の広大な荘園で、現在の茨城町の大部分、旧友部町（現在の笠間市内）と旧岩間町（同）の全体、旧八郷町（現在の石岡市内）と旧笠間市（現在の笠間市内）の一部にまたがっていました。地元の領主は博打の件で幕府に叱られた宍戸氏です。宍戸氏の本拠は旧友部町から旧岩間町で、常陸守護にも任命されるくらいですから、有力な豪族でした。そして小鶴荘の上位の領主は、摂関家《せっかん》である九条家でした。当時の職名で言えば、小鶴荘は宍戸氏が地頭《じとう》、九条家が領家ということになります。

この関係で小鶴荘には京都からのニュースがしきりに入っていたに違いあ

りません。その気になれば、政治面・文化面の情報を得ることは容易だったと思われますし、京都に手紙を送るのにも便利だったのでしょう。

さて九条家の当主として有名なのは、関白《かんぱく》九条《くじょう》兼実《かねざね》です。親鸞の師匠である法然と深い関係がありましたし、法然の主著『選択本願念仏集《せんじゃくほんがんねんぶつしゅう》』は、兼実の求めに応じて法然が執筆したものです。また兼実とその娘で後鳥羽《ごとば》天皇の中宮宜秋門院《ぎしゅうもんいん》は、法然のもとで出家しています。

九条家の系図を、小鶴荘の領主の移動とからめて記してみます。

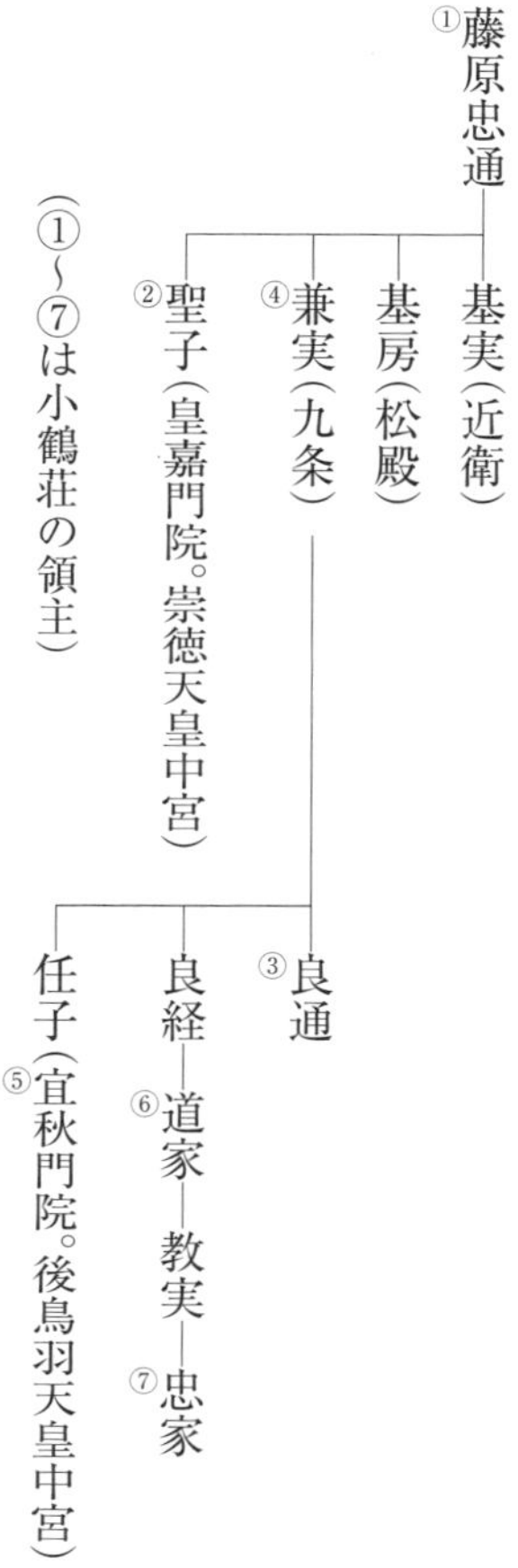

小鶴荘の領主の移動は変則的なので、説明を加えておきたいと思います。関白であった藤原忠通《ふじわらのただみち》は、多くの領地を持っており、その一部を娘の聖子にも譲りました。そのなかに小鶴荘が入っていたのです。聖子は、後に関白となった兼実と母親が同じで、そのよしみもあってか、聖子は兼実の長男の良通を引き取って育てていました。そして小鶴荘を良通に譲ったのです。しかし彼は病弱で、二十代で早死にしてしまったため、小鶴荘は父親の兼実が継承したのです。

法然に『選択本願念仏集』の執筆を依頼した動機は、兼実自身の多病、それから期待していた良通の早死ににあったのではないかと言われています。やがて兼実は小鶴荘を娘の任子に譲りました。この任子と恵信尼《えしんに》が親しかったのではないか、というのが私の推測です。

領主の移動は以上のようになりましたが、小鶴荘の実際の管理は九条家の家政担当者が行っていたものと考えられます。この九条家に仕えて家司《けいし》という家老的な仕事をしていたのが、親鸞の妻恵信尼の父三善為教《みよしためのり》でした。三善為教は越後の豪族《ごうぞく》で、恵信尼はその娘である、したがって親鸞と恵信尼は越後で結婚したのだろうと言われてきました。しかし拙著『親鸞と浄土真宗』（吉川弘文館）、『親鸞聖人とともに歩んだ恵信尼さま』（自照社出版）で述べましたように、恵信尼の実家三善家は京都の中級の貴族、恵信尼はその娘とみるべきです。恵信尼と親鸞は京都で結婚し、親鸞が流罪《るざい》に遭うと一緒に越後《えちご》に下り、そして親鸞の関東行きにも同行したのです。

ところで九条家を取り巻く家司（複数）や他の中級貴族たちは、九条家を盛り立てるべく協力します。その中級貴族の女性たちは、九条家の女性に仕え、もし九条家の娘が天皇の妃になることでもあれば、取り巻きとして娘を助けるのです。兼実の娘の宜秋門院（任子）は恵信尼の九歳年上でした。お互いに十分見知っていたものと思われます。また恵信尼が越後・関東と移動するのについて宜秋門院《ぎしゅうもんいん》は心配していたのではないか、と私は考えています。

親鸞と恵信尼一家が越後から関東へ来る時に、何か生活の頼りになるところがあったであろうと思います。いくら昔であっても、夫婦と子ども二人(小黒女房《おぐろのにょうぼう》、信蓮房《しんれんぼう》)の親鸞一家が、生活のあてもなくて見知らぬ関東へ来るわけがありません。

その頼りは第一に、稲田を含めた笠間郡の領主であった宇都宮頼綱《うつのみやよりつな》だと思います。頼綱は法然の有力門弟ですから、親鸞に援助の手を差し伸べたと考えてもおかしくはないでしょう。

第二は、小鶴荘の存在です。親鸞一家が住んだ稲田からは、わずか数キロで小鶴荘に入りますし、涸沼《ひぬま》川という便利な舟による交通路もあります。九条兼実は既に亡くなっていて、九条家の当主は孫の道家《みちいえ》でした。小鶴荘の領主は九条家のなかで転々とするのですが、親鸞一家が関東へ来た時には、ちょうど宜秋門院が領主だったのです。恵信尼からの願いに応じて援助してくれたものと思います。もちろん、実家の三善家にも頼んだことでしょう。

唯円の道場池（水戸市河和田榎本）

報佛寺から南西に数百メートル離れた田圃のなかにあります。心字池、道場池または「ドジョウ池」とも言われてきました。泥鰌（ドジョウ）がいる池だからというのですが、「道場・池」が語源なのではないでしょうか。唯円が最初に道場を建てたところと伝えられています。小さな池のなかの島に記念碑が建っています。まわりの田圃は、耕作する人が減り、かなりの部分が放置されています。

後に親鸞が京都へ去っても、小鶴荘が九条家領荘園であることには変わりありませんから、依然として河和田は京都を身近に感じられる地域でした。

二　唯円の出身と活動

「唯円房《ゆいえんぼう》はわがいうことをば信ずるか」。

（『歎異抄』第十三章・真宗聖典六三三頁）

唯円と同じところに住んで

『歎異抄』は唯円が著《あら》わしたとされています。私が当時住んでいた茨城県水戸市の自宅は、唯円開基《かいき》の報佛寺《ほうぶつじ》の近くにありました。七百数十年を経て、私は、唯円と同じところに住んでいたことになります。

感慨あらたです。あたりはずいぶん住宅が建ちましたけれども、まだまだ、少し歩けば田園地帯に入り、緑が多く、林や小高い丘が続きます。近くにある大塚池には、冬にはシベリアから白鳥が百数十羽飛来し、きれいな眺めです。ただどういうわけか白鳥の鳴き声はきたなくて、夜など、空を飛びながら「ゲーゲー」と鳴いて、私の家の上にも飛んできていました。清純な白鳥のイメージとはずいぶん違うなと、水戸へ住むようになってから知りました。冬も雪の降ることは少なく、台風の影響もそれほどではありませんし、十数キロ東に行けば太平洋という立地です。ただ、地震が多い地域ではあり、二〇一一年の東日本大震災では、マスコミの茨城県に関する報道は少なかったのですが、実際には大変で、拙宅もかなりの被害を受けました。

このような環境のなかで唯円はどのような生活を送っていたのでしょうか。彼についてはいくつかの伝説もあり、その一つをもとにした戯曲《ぎきょく》も知られています。倉田百三《くらたひゃくぞう》の『出家とその弟子』です。これはキリスト教の信仰も入っていて、必ずしも真宗の信仰だけにもとづいてはいませんが、百三がまだ二十六歳の時の作品であり、若者のロマンチックな感情を込めた意欲的な内容となっていて、読者を惹きつけます。

ここでは唯円の出身を調べることを主な目的として述べていき、合わせて、その活動についてもふれたいと思います。出身が異なれば、当然、活動にも異なる面が出てくるでしょう。

複数の唯円

すべての研究者が説いているように、唯円が『歎異抄』の著者であるということは確証があることではありません。昔の書物では、現代人のように著者誰々と書くことはしませんでしたので、『歎異抄』に「著者　唯円」と記されているわけでもなければ、同時代の誰かが「著者は唯円さんですよ」と言っているわけでもありません。

ただ昔は、本文のなかにそれとなく自分を登場させ、そこに自分の名を記しておくことがありました。その観点から言いますと、『歎異抄』にはまず親鸞、法然、善導の名があります。またいかにも他人のように誓《せい》（勢）観房《かんぼう》と念仏房《ねんぶつぼう》の名が出ています。そして第十三章と、本書「うなずくこと」の項で挙げた第九章の部分と、合わせて二カ所に唯円の名が記されているのです。いずれも親鸞が唯円と会話をしている場面です。『歎異抄』には、それらの他には人物の名は記されていません。

現代の私たちは「ああ、親鸞と唯円がお話をしている場面か」と受け取るのが普通でしょうけれどもそれだけではないのです。親鸞の信仰の流れをくむ人たちのなかで、親鸞と直接お話しした経験があるということは、非常に名誉なことでした。対面して教えを授けられること、つまり面授《めんじゅ》は誇るべきことであったのです。その誇るべきことが二度にわたって記してあるのであれば、他にはまったく手がかりのない『歎異抄』の著者は唯円であろうと推測するのは妥当であるという強い意見があります。私もそう思います。

しかし面倒なことに、唯円という名を持つ人物は一人だけではありません。親鸞の生存中には河和田に住む唯円、同じ常陸国鳥喰《とりばみ》（茨城県那珂市豊喰）の唯円などが有名ですが、他にも武蔵国荒木の唯円、尼法仏の門弟の唯円、信願の門弟の唯円など、孫弟子まで数えると合わせて五人の唯円が知られています。孫弟子であっても、親鸞面授ということはあり得ます。つまり、五人もの親鸞面授の唯円がいたことが考えられるのです。

では、なぜそのようなことがあったのでしょうか。名前は人間を区別するための手段ですから、同じ名前の人が何人もいたのでは話になりません。

しかし、このように考えるのは私たちが現代に生きているからです。そのころの生活範囲はそれほど広くはなく、その生活範囲内で同じ名前でなければ、毎日の生活に差し支えはありませんでした。つまり、遠い地域の人と同じ名前であっても、お互いに知人でもありませんし、何らの支障はないということになります。

また一方では、法名《ほうみょう》に使うに適当な漢字は限られていますので、どうしても同じ法名の別人を生み出してしまうことになります。

「河和田」の唯円は、本願寺を開いたとも言うべき覚如《かくにょ》の師匠です。教学に詳しく、説教もさわやかだったといいます（『最須敬重絵詞《さいしゅきょうじゅうえし》』）。その「河和田」の唯円が『歎異抄』の著者であろうということは江戸時代から言われていましたが、大正年間に近角常観《ちかずみじょうかん》という真宗史の学者が強く主張してから定説のようになりました。

河和田は現在の茨城県水戸市河和田町にあたります。ここにある報佛寺の数百メートル南の田のなかに、前にも述べましたが、道場池と呼ぶ小さな池と中島があります。その島には近角氏が唯円のことと報佛寺の歴史を述べた大きな碑が建っています。長文のその碑文は、驚くべきことにと私は思うのですが、書き上げられてから百年近く経っているのに現代の学問水準からみてもほとんど訂正する部分がありません。近角氏はほんとうにすぐれた学者であったと思います。そのため近角氏の研究成果は各地で石碑等に刻まれています。

歴史学は日進月歩《にっしんげっぽ》ですから、近角氏在世のころからみれば、その後ずいぶんと新しい成果が生まれています。しかし真宗史の上からみれば近角氏の研究成果および識見、さらには学問的直感力は今日でも輝きを失っていないと私は思います。二〇二三年の「立教開宗八百年」を迎えるにあたり、あらためて注目したいと思います。

なお、河和田から同じ茨城県の那珂市豊喰までは十キロ程度です。ということは徒歩ですと二時間半程度でしょうから、完全に同じ生活圏です。その同じ生活圏に親鸞の門弟で同じ法名の別人物がいることは不審です。一人の人物が二カ寺以上の寺を開いてもおかしくはありません。結局、河和田の唯円と鳥喰（豊喰）の唯円とは同一人物であった可能性があります。

さてまた、唯円は親鸞の孫弟子だったのではないかという説が出たことがあります。私の学生時代でしたので記憶に残っているのですが、そのころは「フーン、そんなことも考えられるのか」と思っただけでしたけれども、まもなくその説は顧《かえり》みられなくなりました。私も唯円はやはり親鸞の面授の直弟子だったろうと考えています。以下、その立場で唯円の出身や活動について見ていきたいと思います。

唯円は山伏か？

唯円の墓は報佛寺にはなく、奈良県の立興寺《りゅうこうじ》にあります。唯円は立興寺の開基でもあるわけですが、彼はなぜこんなに遠く離れた二カ寺の開基になっているのでしょうか。それは唯円が各地を歩きまわる山伏《やまぶし》であったからではないか、という説があります。たしかに山伏は山々を歩きまわり、修行し、また村里に下りてきて救いを説きました。

でも、私たちは根本的に見方を改めなければなりません。鎌倉時代の僧侶は、各地を歩きまわって修行をするのがあたりまえだったのです。それはすぐれた師匠から教えを受けるためです。また縁ある人たちに教えを説くということもありました。山伏だけが歩きまわっていたのではないのです。ですから、唯円を山伏であると決めつけることはできません。「僧侶は決まった寺に住んでいるものだ」というのは、江戸時代以降の常識です。

唯円は親鸞の親戚か?

河和田の唯円は親鸞の親戚であったという説があります。親鸞の娘覚信尼《かくしんに》の二度目の夫小野宮禅念《おののみやぜんねん》の前妻の子、というのです。親鸞の義理の孫になります。でもこの説明だけでわかりにくいと思いますので、系図を次に記します。

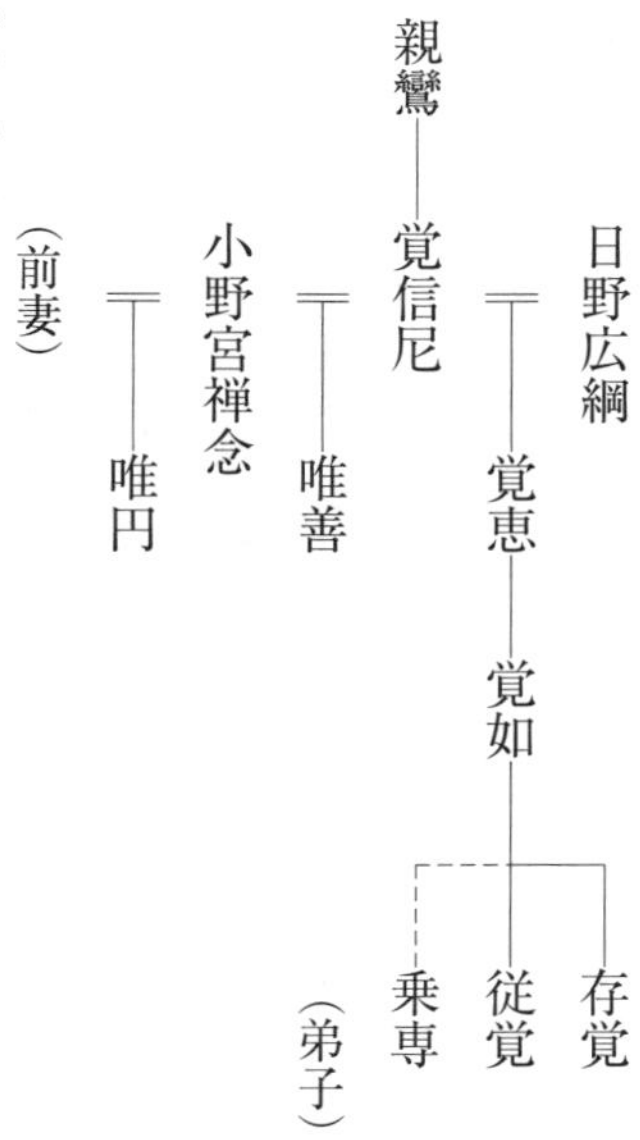

唯善《ゆいぜん》は覚恵《かくえ》・覚如親子との争いに敗れて常陸国河和田に逃げ、そこの女性と結婚して子どももうけます（『存覚一期記《ぞんかくいちごき》』）。河和田には唯円がおり（『最須敬重絵詞』）、その門弟となります（『親鸞聖人門侶交名牒《もんりょきょうみょうちょう》』）。唯善は兄唯円を頼って常陸国に逃げたのではないか、という推定があるのです。江戸時代から現われる説です。また、唯円は「大徳《だいとく》」という敬称をつけて「唯

円大徳」と呼ばれているのですが（『最須敬重絵詞』・『慕帰絵《ぼきえ》』）、初期真宗では親鸞の親戚は「大徳」という敬称で呼ばれたのだ、という説があります。

唯円は常陸の武士か？

報佛寺には、唯円はもと常陸に住む教養のない武士北条平次郎《ほうじょうへいじろう》であったとして、「血染めの名号《みょうごう》」とともに次の話が伝えられています。

河和田に住む北条平次郎は無教養の荒々しい武士で、悪業を重ねていました。彼の妻は信心深く、稲田で教えを説く親鸞のもとに通って念仏の教えを受けていましたが、平次郎がそれを嫌うので、こっそり通うことしかできませんでした。家のなかでも念仏は隠れて称《とな》えることしかできません。妻はとても困って親鸞に相談しました。

すると親鸞は、「夫を恨みに思ってはいけません。きっといつか理解してくれる日がきます。それまでこのお名号を私だと思って拝み、念仏を称えなさい」と、「南無阿弥陀仏」の六文字をさらさらと紙にしたためてくれました。妻は喜んで夫のいない時にこっそりと名号を持ち出し、念仏を称えていました。

ところがある時、夫が急に帰宅しました。あわてた妻は急いで名号を巻いて懐中に隠そうとしましたが、間に合いません。めざとくそれを見つけた夫は、名号とは思わず、妻が不倫をしていて、手紙は相手の男から送られてきたラブレターだと思い、かっとした夫は一刀のもとに妻を切り殺してしまいました。そして妻の死体を家の裏にある竹藪《たけやぶ》に埋めたのです。

ところが、平次郎が死体を埋めた後、家へ戻ってきますと、「お帰りなさい」と妻が何気ない様子で出てくるではありませんか。びっくりした夫は、「いまお前を切り殺して竹藪に捨てたんだ」と告白しますが、妻には何のことかわかりません。そこで二人で竹藪に行き、掘り返してみると、死体はなく、ただ紙の名号だけがあるのみでした。しかも、「南無」の下から「阿弥陀仏」の上にかけて斜めに切れており、血までついていました。つまり、名号が妻の身代わりになったのです。

「お念仏はなんとありがたいことか」と妻は泣き、身もだえして感謝しました。夫はしばし黙然、やがていままで念仏を嫌っていた自分を心から悔い、親鸞の偉大さに気づきました。それから二人で稲田の親鸞のもとを訪ね、夫婦で熱心な信徒となり、夫は唯円という法名を与えられて、後には報佛寺の開基となったという話です。

伝説と現代

現在の報佛寺には、「血染めの名号」と称して、あの時以来の名号が寺宝として保存されており、参詣の人たちに公開されています。

右の話についての私の考えは、第一に、内容が事実かどうかではなく、「言い伝え」「伝説」は尊重されなければならないということです。それは昔の人たちの心が込められているからです。そして遠く江戸時代からこの話が今日まで尊重されてきたことは、驚くべきことと言わねばなりません。

第二に、現代の観点でみると、平次郎は妻の力によって念仏の救いに目覚めたということも重要だと言えます。冗談めかして言いますと、夫はいかに家のなかで威張っていても、自分だけでは自分を救えない。妻の助けがなければ人生を前に進むことができない、と思うのです。

北条平次郎が実在の人物であったのかどうか。それを歴史学的に考察するのには、また別の方法があります。「北条」という名字は関東で尊重された名字ですし、常陸国には鎌倉時代以来、幕府の執権北条氏が領地を獲得していましたので、その子孫が河和田に住んでいた可能性はあります。また同じ水戸市内の飯富《いいとみ》町（旧名は「大部」）には平次郎の兄という北条平太郎を開基とする真宗寺院もあります。その平太郎は、『親鸞（本願寺聖人）伝絵《でんね》』に出る常陸の「平太郎」のことではないかという推定があります。

其《そ》の比《ころ》、常陸国《ひたちのくに》那荷西 郡《なかのさいのこおり》大部郷《おおぶのごう》に、平太郎《へいたろう》なにがしという庶民《しょみん》あり。（中略）聖人《しょうにん》へまいりたるに仰せられて云《のたま》わく、（中略）これによりて平太郎熊野《くまの》に参詣《さんけい》す。道《みち》の作法《さほう》別 整 儀《とりわきととのうるぎ》なし。ただ常没《じょうもつ》の凡情《ぼんじょう》にしたがえて、更《さら》に不浄《ふじょう》をも刷 事《かいつくろうこと》なし、行住座臥《ぎょうじゅうざが》に本願を仰《あお》ぎ、造次顛沛《そうしてんぱい》に、師孝《しきょう》を憑《まも》るに、はたして無為《むい》に参着《さんちゃく》　（真宗聖典七三五―七三六頁）

と、大部平太郎が神祇《じんぎ》信仰の禁忌《きんき》などを守ることなく参詣しても、何の問題もなく熊野神社まで到着したことを述べています。これは親鸞の教えのとおりに念仏したからだと、『親鸞（本願寺聖人）伝絵』の続く説明にはあります。

なお、文中に「庶民」とあるのは、現代的な民衆といった意味ではありません。鎌倉時代では、「京都の有力者や地方の豪族で、朝廷から与えられる位を持っていない者」という意味なのです。

さらに平太郎は親鸞の手紙に、

おおぶの中太郎《ちゅうたろう》のかたのひとびとは、九十《くじゅう》なん人《にん》とかや、みな慈信坊《じしんぼう》のかたへとて、中太郎入道《にゅうどう》をすてたるとかやききそうろう。

（真宗聖典五七五頁）

「大部《おおぶ》の中太郎の門徒たちは、九十何人ということですが、みんな慈信坊《じしんぼう》（善鸞）の方へ行ったそうで、中太郎を捨てたと聞きました」とある「おおぶの中太郎」のことではないかという推定があります。

現在の報佛寺は、戦国時代の豪族春秋《はるあき》氏の河和田城の跡に、江戸時代になってから建てられたもので、水戸黄門の助けがあったと言われています。

私は水戸に住んで以来四十年ほど、報佛寺ご一家には大変お世話になっています。唯円の子孫である前住職さんは信仰篤《あつ》く朗《ほが》らかで、真宗教学のみならず仏教全般に詳しく、いつもにこやかに私を迎えてくださいました。現住職さんは穏やか、誠実な方で、長く前住職を支えてこられました。雅楽《ががく》にも

唯円の碑（水戸市河和田・報佛寺）

報佛寺の境内、本堂の前にあります。『慕帰絵』や『最須敬重絵詞』では唯円に「大徳」という敬称をつけています。初期真宗での一派的な敬称は「法師」や「房」なのですが、親鸞聖人の一族には「大徳」とした気配です。この碑のそばの八重桜の大木は、春先には桃色の花が青空に映えて、それはみごとなものです。報佛寺は戦国時代の豪族春秋氏の河和田城あとに建立されました。城壁の土塁や堀も、当時そのままに残っています。

すぐれておられます。住職の弟さんはアメリカ・ロサンゼルスで開教使《かいきょうし》として活躍しておられ、私もアメリカでお世話になりました。また坊守《ぼうもり》さんには、私が水戸に来てからしばらくして父とお参りした時、本堂の板敷きに座られて頭が板につくくらいの、しかもにこやかなご挨拶をいただいて感動したことがあります。「真宗のお寺は坊守さんで保《も》っているんだ」というのが実感でした。

三　唯円と覚如

正応元年冬のころ、常陸国河和田唯円房と号せし法侶上洛しけるとき、対面して日来不審の法文にをいて善悪二業を決し、今度あまたの問題をあげて、自他数遍の談にをよびけり。

（『慕帰絵《ぼきえ》』第三巻・『真宗史料集成』第一巻）

唯円と覚如の対面

「一二八八（正応元）年の冬のころ、常陸国河和田に住む唯円房という僧侶が京都へ来た時に、覚如は面会して日ごろからよく理解できていなかった教理について教えを受け、善悪二業《ごう》の問題を解決できました。また多くの問題を提出して何度も話し合いました」。

一二八八年といえば、親鸞が亡くなってから二十六年後です。覚如は一二七〇（文永七）年生まれですから、この時十九歳でした（数え年）。当時、河和田の唯円といえば教学にすぐれ、また説教も感動的であるという評判が鳴り響いていました。同じく『慕帰絵』に引き続いて、

かの唯円大徳は、鸞聖人の面授なり。鴻才弁説の名誉あり。

「あの唯円大徳は親鸞聖人の面授の門弟です。優れた才能があり、お説教も上手という評判です」と記されています。『最須敬重絵詞』第四巻第十六

段（角川日本絵巻物全集第二十巻）には、詞書《ことばがき》はないのですが、絵をこのように描くようにと指示した「指図書《さしずがき》」が次のように残されています。唯円と覚如の対面の場面です。「大上」と記されている人が覚如です。

唯円房御対面の所　冬夜の体なり。
大谷の御坊にて唯円房くびをり衣ぬのげさ六十ばかり大上廿ばかり御対面。法門御談話の体なり。覚恵上人も御坐あるべし。

「覚如上人が唯円房と対面する場面。冬の夜を示しています。
大谷の屋敷で唯円房【首折り衣・布袈裟で六十歳ばかりの様子】と覚如上人がご対面。仏法について話し合われている場面。覚恵上人も座っておられるように描くこと」。

この文によると、この時、唯円は六十歳くらいだったのです。逆算すれば、唯円の誕生は一二二九年ころです。親鸞が関東から京都へ帰ったのは一二三二年ですから、唯円は親鸞の晩年に京都で門弟になったということになります。

水戸市河和田町にある報佛寺本尊《ほんぞん》の台座銘《だいざめい》に、十代にわたる住職の名と没年が記されています。その最初に、

当寺開基唯円大徳　正応元年戊子八月八日

とあります。『慕帰絵』には、覚如が唯円から教えを受けたのは「正応元年冬のころ」とありました。当時は旧暦で、冬といえば十月から十二月までの三カ月間と決まっていました。報佛寺の伝え（台座銘は筆跡から戦国時代に書かれたものと判断されます）からみると、唯円はこの冬にはすでに亡くなっていたことになります。しかし大幅な違いではありません。

覚　如

ところで覚如は京都の三条富小路《さんじょうとみのこうじ》というところで生まれました。親鸞の

曾孫《ひまご》にあたります。父の名は覚恵《かくえ》、母は周防権守中原某《すおうごんのかみなかはらなにがし》の娘であるといいますが、具体的なことは明らかではありません。親鸞からの系図を左に掲げます。

親鸞
＝ 恵信尼
覚信尼
＝ 日野広綱 ── 覚恵 ── 覚如
＝ 小野宮禅念 ── 唯善
小野宮禅念 ＝ （前妻） ── 唯円

別項に記しましたように、唯円は小野宮禅念《おののみやぜんねん》の前妻との間の息子だったのではないかという説があります。先の系図にもそれを書き入れました。

覚如は、親鸞の教えを受けた門徒たちを傘下におさめ、本願寺を頂点とする大きな組織にしようと、一生をかけて努力しました。そのために親鸞を顕《けん》彰《しょう》し、真宗としての特色ある教理の確定も行いました。また仏教学の理解や文筆の才能にも恵まれていた、一種の天才であったと思います。しかし覚如は、その目的意識は強いながら、必ずしも円満な性格ではありませんでした。人心を把握する能力には欠けていたこともあって現代に至るまで、覚如の評価の善し悪しは二つに分かれています。

さて覚如が誕生した時、親鸞は八年前にすでに亡くなっており、祖父の日野広綱《ひろつな》も亡くなっていました。祖母の覚信尼《かくしんに》は四十七歳で健在《けんざい》、父の覚恵は三十五歳でした。覚恵は青蓮院《しょうれんいん》で主に密教《みっきょう》を修行するまじめな僧侶でしたが、世間的な発展の才覚には欠けていました。また親鸞の子孫を門徒たちが無条件に崇《あが》めるという教団体制もまだできていませんでした。時おり、関東の門弟たちからの送金、および親鸞の廟所《びょうしょ》にお参りする門徒たちが置いていく金品が生活の支えだったようで、覚信尼一家は貧しく暮らしていました。

もっとも中世では皆貧しかったのであって、覚信尼一家だけのことではありません。蓮如出現以前の本願寺の家族については貧しいことが強調されることが多いのですが、本来、貧しいことは特別視されることでも何でもなかったのです。貧しいことこそ豊かな人間性を維持できるという風潮が強かったのです。しかし、覚如はこれに敢然《かんぜん》と抵抗して経済的に豊かな本願寺、門徒たちから崇められる親鸞の子孫、そしてすべての門徒を統括する自分とその子孫をめざしたのです。

覚如の母は、覚如が三歳の一二七二（文永九）年八月に亡くなりました。以後覚如は乳母に育てられたということでしょう。そしてこの冬に親鸞廟《びょう》堂《どう》が作られています。父の覚恵が青蓮院での修行をあきらめて、実家に戻り、親鸞廟堂の管理の仕事をするようになったのは、もっと後のことでした。

覚如は、一二七四（文永十一）年の五歳の秋に、はじめて学問の道に入ったといいます。ここから十余年にわたる大寺院での修行が始まりました。非常に興味深いことに、親鸞の子孫で最初から既成《きせい》仏教に目もくれずに親鸞の教えを学んだ者は、親鸞の孫如信《にょしん》を除いて一人もいません。如信だけは、寺院には入っていないのです。それは『最須敬重絵詞』第一巻に、如信は、

あながちに修学をたしなまざれば、（中略）一すぢに聖人の教示を信仰する外に他事なし。これによりて幼年の昔より長大の後にいたるまで、禅床のあたりをはなれず、学窓の中にちかづき給。

「寺院で学問を学ぶことはまったくせず、（中略）ひたすら、親鸞聖人が教え示されたことを信じて大切にする以外のことはしませんでした。そのようなわけで、幼い時から成人して後も聖人の近くに住み、聖人の部屋を訪れていました」とあることからわかります。

親鸞が亡くなってから二百年以上も過ぎた蓮如の子の代になるまでは、皆、既成仏教の寺院に入って修行しました。そして何らかの事情がある者や、親鸞の教えの魅力に気がついた者だけが本願寺に帰ってきたのです。

覚如は、悟《さと》りをめざす修行に、自分の能力の限界を感じていたようです。そして西方極楽浄土の阿弥陀仏の教えに気持ちが惹かれるようになり、気がついてみたら、自分の実家に阿弥陀仏の教えが伝えられていたのです。『慕帰絵』第三巻に、

いまきく、他門にもあらで自宗にをいてまぢかきためしあるかな。

「いま初めてわかりました。ほかの宗派や寺院ではなくて自分の所の教えにこそ、極楽浄土にもっとも近い教えが伝えられていたのです」とあります。覚如はもとは、実家に伝わる親鸞の教えを重要視していなかったのでしょう。一二八六（弘安九）年十月、覚如は十七歳で実家に戻り親鸞の教えを学び始めました。

翌年の十一月十九日、覚如は上京してきた如信の教えを受けました。『慕帰絵』第三巻に、

所詮外相の進退によるべからず、内心の工案こそあらまほしけれとて、

弘安十年春秋十八といふ十一月なかの九日の夜、東山の如信上人と申し賢哲《けんてつ》にあひて釈迦・弥陀の教行を面受し、他力摂生の信証を口伝す。

「結局、外面に表わす修行をしても意味がない、心の内で工夫することこそあるべきだと、弘安十年十一月十九日、十八歳の時に東山の如信上人というすぐれた人に会って、阿弥陀仏の教えとそれを正しいと保証する釈迦仏の教えと、他力の信仰とそれによる極楽往生を直接伝えられました」。

この時、覚如が教えを受けたのは浄土教の基礎だったのではないでしょうか。親鸞の信仰も伝えられたとは思いますが、一晩ではその教えの真髄《しんずい》を会《え》得《とく》するのは無理でしょう。やがて、親鸞の祥月命日《しょうつきめいにち》の法要のために上京してきたと思われる如信が東国に去ると、覚如は不安な気持ちにかられたものと思います。

そこで一年後に上洛してきた唯円に、疑問に思ったり解決できていなかったりした事柄を質問したのです。それに関する史料が、本項の最初に掲げた

『慕帰絵』と『最須敬重絵詞』の文章です。如信についての記事と、唯円についての記事とを読み比べてみると、親鸞の信仰については唯円の方が深い理解を示していたように判断されます。少なくとも『慕帰絵』の著者従覚《じゅうかく》（覚如の第二子）はそのように思っていたようです。

しかし如信は毎年の親鸞の祥月命日には上京してきましたから、覚如は何度も如信から教えを受けたに違いありません。それが覚如晩年の著である『口伝鈔《くでんしょう》』や『改邪鈔《がいじゃしょう》』に表われています。

悪人正機説をめぐって

ところで『口伝鈔』には、『歎異抄』とよく似た文章が書かれているところがあります。たとえば悪人正機説で、同書第十九・本為凡夫章に次のようにあります。文中、「本願寺の聖人」とは親鸞、黒谷の先徳とは法然のことです。

本願寺の聖人《しょうにん》、黒谷《くろだに》の先徳より御相承《ごそうじょう》とて、如信《にょしん》上人、おおせられていわく、世のひと、つねにおもえらく、悪人なをもて往生す。いわんや善人をやと。（中略）しかれば、善人なおもて往生す、いかにいわんや悪人をやというべしと、おおせごとありき。

（真宗聖典六七二―六七三頁）

「如信上人が、親鸞聖人から伝えられた法然上人のお話として、次のように仰いました。世のなかの人はいつも、悪人だって極楽往生するのだから、どうして善人が往生しないことがありましょうか、と思っています。（中略）ということなので、善人だって極楽往生するのだから、まったくどうして悪人が往生しないことがありましょうかというべきでしょう、と仰ったことがあるのです」。

ここであらためて『歎異抄』第三章の文と比べてみましょう。

善人《ぜんにん》なおもて往生をとぐ、いわんや悪人《あくにん》をや。しかるを、世のひとつねにいわく、悪人なお往生す、いかにいわんや善人をや。（中略）よって善人だにこそ往生すれ、まして悪人はと、おおせそうらいき。

（真宗聖典六二七―六二八頁）

表現は微妙に異なりますが、ほぼ同じ文章と言ってよいと思われます。他の章にもよく似た文があります。そしてこの両書の比較から、『歎異抄』の著者について検討されたことがあります。悪人正機説の文章を最初に誰が書いたか、という問題もからみます。

如信が『歎異抄』を書き、それを覚如が読んで『口伝鈔』のなかに取り入れたのだろう、という考え方がありました。あるいは、覚如が如信に仮託《かたく》して悪人正機説を『口伝鈔』に書き、それが唯円の『歎異抄』に取り入れられたのだろう、という考え方。さらには、『口伝鈔』『歎異抄』両方に出る話には、もとになった共通の原本があったのだろうという考え方もあります。

悪人正機説に限って言えば、すでにこの説は親鸞の専売特許ではありません。非常に長い間、悪人正機説は親鸞の独創であるとしてもてはやされてきましたが、近年、この説は法然とその門下に共通した理解であったという研究結果が出ています。しかも、悪人正機説は誤解されやすい考え方であったからでしょうか、信用できる門弟あるいは仲間に口伝で伝える習慣だったようです。文章では残さないようにしていたということです。誤解されやすい考え方というのは、「どんな悪いことをしても、阿弥陀仏は救って下さる。ではどんどん悪いことしようじゃないか」というように思ってしまうということです。

法然は信用できる門弟としての親鸞に悪人正機説を伝え、親鸞は同じく信用できる門弟としての唯円や如信に伝えたということでしょう。それを唯円は諸門徒たちの状況が「先師《せんし》の口伝《くでん》の真信《しんしん》に異《こと》なることを歎《なげ》」いて（『歎異抄』序）、とはっきり文章化する決心をしたものと思われます。

覚如もまた、本願寺教団確立の願いのなかで、法然・親鸞・如信という三《さん》代伝持《だいでんじ》を明確にしながら、信仰上の重要事項を文章化したものでしょう。もっとも、『口伝鈔』を世の中一般の人たちに読ませようとしたかというと、それは違うだろうと私は思います。書名自体が『口伝鈔』であるように、信用できる門弟にしか読ませないという性格の書物だったと思います。『歎異抄』も同様です。

覚如と唯円

悪人正機説について『歎異抄』と『口伝鈔』の文章がよく似ていることは、それぞれの人が親鸞からの口伝を忠実に守ろうとしたからである、ということも考えられます。しかし私は、覚如は『歎異抄』を読んだのではないか、と考えています。その理由の第一は、覚如は唯円を尊敬し、十分な教えを受けているからです。前掲の『慕帰絵』の記事からそれはわかります。
唯円が『歎異抄』を書いたのは最晩年と推測されます。それは『歎異抄』後序に、

いずれもいずれもくりごとにてそうらえども、かきつけそうろうなり。露命《ろめい》わずかに枯草《こそう》の身《み》にかかりてそうろうほどにこそ、あいともなわしめたまうひとびとの御不審《ごふしん》をもうけたまわり、聖人のおおせのそうらいしおもむきをも、もうしきかせまいらせそうらえども、閉眼《へいがん》ののちは、さこそしどけなきことどもにてそうろわんずらめと、なげき存《ぞん》じそうらいて、

（真宗聖典六三九―六四〇頁）

「どれもこれも愚痴《ぐち》の繰り返しですけれども、ここに記しました。私の寿命ももうあまり残っていないからこそ、私に従ってきてくれた人たちの質問も聞き、親鸞聖人からご教示を受けたことをお話ししました。でも私が亡くなった後には、きっとしまりのない状態になってしまうであろうと、悲しく

思っていまして」とある文章は、「くりごと」「露命」「枯草」「閉眼」など、いかにも老年でこの世を終えていく自覚を思わせるからです。

覚如十九歳の時に唯円は上京しています。唯円はまだ元気でした。『歎異抄』が執筆されたのは、おそらくその時以降でしょう。覚如は唯円と十分に親しくなっていたようですので、『歎異抄』を読ませてもらえたと思います。

覚如が『歎異抄』を読んだのではないかと推定する第二の理由は、覚如は仏教教学やその他の分野の学問に至るまで、広く学ぶことに熱心であったということにあります。三十歳ころまで特に熱心に学んでおり、天台宗《てんだいしゅう》の諸流派、三論宗《さんろんしゅう》、法相宗《ほっそうしゅう》、浄土宗のなかの証空《しょうくう》の西山義、幸西の一念義、また漢詩・和歌等をさまざまに学んでいます。

そして弱冠二十五歳の時に著わした親鸞の一代記である『報恩講式《ほうおんこうしき》』は、今日に至るまで生きて使われているのです。二十六歳の時には『親鸞伝絵《でんね》』を、三十二歳の時には『拾遺古徳伝絵《しゅういことくでんね》』を著わしており、いずれも現代において親鸞の伝記研究の基本史料です。そんなに若い時の著書が――、すばらしいこと、驚くべきことと私は思います。

覚如は文筆に天才的な能力を持っていたと思いますし、それと同時に、史料調査にも非常に熱心だったのではないかと思います。そうでなければ、伝記や歴史にかかわるすぐれた著作ができるはずもありません。

『口伝鈔』第十一・助業傍修章に出る、親鸞が病気になって浄土三部経を読むことについて考えていたということ、また同書第十二・本地観音章に出る、恵信尼が親鸞のことを観音菩薩として夢見たという話は、恵信尼の手紙に記されています。覚如は恵信尼の手紙も読んだであろうと推測されます。さらに『親鸞伝絵』上巻第六段に出る、法然の信心と親鸞の信心とは同一か異なるかという話は、『歎異抄』第十八章にあります。

覚如は、本願寺教団の確立のためにいくつかの方策を採りましたが、その一つに、親鸞の子孫が門徒たちから崇められるようにすることがありました。

これは蓮如の時になって実現しますが、覚如の時には敬意を表せられることはあっても、まだ崇められてはいません。

覚如は、まず、門弟が親鸞の子孫の行状に注目し、尊敬するように仕向けた気配があります。『最須敬重絵詞』は覚如の高弟乗専が著わした覚如の伝記、『慕帰絵』は覚如の次男の従覚が著わした同じく覚如の伝記です（両書とも覚如の長男存覚が執筆したという説もあります）。そのなかには、親鸞の子孫や親戚のことが盛んに取り上げられており、善鸞や如信、唯善のことも詳しく記されています。彼らの行状はともかく、彼らは尊敬されるべきであるという覚如とその一派の意図の表われと考えられます。そして唯円もそのなかに入っているように見えます。

前にもふれましたが、唯円は親鸞の親戚であるという説があります。覚信尼の二番目の夫である小野宮禅念の前妻の子という説です。当時、貴族は妻が複数いてもおかしくない、むしろその方が普通だったのですから、現代的な前妻・後妻という感覚とは異なっており、「前妻」というのは、いかにも現代らしい言い方だと私は思います。何が言いたいかというと、唯円は禅念が覚信尼より先に結婚していた女性からうまれた息子にしかすぎないということです。

そして前にも述べましたように、唯円は「唯円大徳《だいとく》」と呼ばれています。『最須敬重絵詞』と『慕帰絵』に出てくる親鸞の子孫（善鸞、如信、覚恵、唯善）および唯円に対する敬称のつけ方を見ますと、興味深いことがわかります。

『最須敬重絵詞』では、如信と覚恵は上人で、善鸞・唯善・唯円が大徳です。他に人物は大勢出てきますが、大徳と呼ばれている人はいません。『慕帰絵』では、如信は上人、覚恵は房、善鸞は房か法師、唯善は房または公、そして唯円は房または大徳です。法師も初期真宗では敬称と考えられますので、善鸞は敬意を持って遇されていることがわかります。大徳は、古代以来

桜川（水戸市河和田）

唯円のころの河和田は、現在、水戸市河和田１丁目～３丁目と水戸市河和田町という二つの大字の地域となっています。その境を流れているのが桜川です。周囲は人家も増えてきましたが、田圃が多い地域です。報佛寺は500メートルほど南に離れたところにあります。写真の右奥です。桜川はこのあたり一帯の丘陵の谷間をぬって東に流れ、10キロ近く進んだ地点で那珂川に合流して太平洋に向かいます。

すぐれた僧侶につけられた敬称です。

『最須敬重絵詞』と『慕帰絵』では、唯円は親鸞の子孫に準ずる人で、しかも善鸞や唯善より敬意を払われているように見えます。

四 『歎異抄』の成立

故聖人のおおせには、「この法をば信ずる衆生もあり、そしる衆生もあるべしと、仏ときおかせたまいたることなれば、われはすでに信じたてまつる。またひとありてそしるにて、仏説まことなりけりとしられそうろう。しかれば往生はいよいよ一定《いちじょう》とおもいたまうべきなり。

（『歎異抄』第十二章・真宗聖典六三二頁）

親鸞語録

「亡くなられた親鸞聖人が仰ることには、「この仏法を信じる人たちもいれば、非難する人たちもあろう、とは釈迦仏が説きおかれたことですので、私は信じています。しかし、非難する人もいます。したがって釈迦仏の説かれたことは正しいことであるとわかります。こういうことなので、教えのとおりに極楽への往生はほんとうに決定していると思うべきでしょう」と親鸞が説いたことを、唯円はこのように『歎異抄』のなかで記しています。

唯円が、親鸞と生前に親しくしていたことは間違いないでしょう。唯円には面授の門弟としての自覚と誇りも強かったものと思われます。では、親鸞の没後、唯円は親鸞をどのように記憶していったのでしょうか。

『歎異抄』は唯円が聞いた親鸞の言葉をまとめたものですから、語録《ごろく》というべき種類の書物ということになります。一般的な呼び方をすれば、「親鸞語録」または「唯円聞書《ききがき》」となるところです。

他にも親鸞の門弟で親鸞の語録をまとめたとされている人もいます。二《に》十四輩《じゅうよはい》第一の横曽根《よこそね》の性信房《しょうしんぼう》がその一人です。五月二十九日付性信宛てとされている親鸞の手紙に、

また、『真宗《しんしゅう》のききがき』、性信房《しょうしんぼう》のかかせたまいたるは、すこしもこれにもうしてそうろう様にたがわずそうらえば、うれしうそうろう。『真《しん》宗《しゅう》のききがき』一帖《いちじょう》は、これにとどめおきてそうろう。

（真宗聖典五九七頁）

「また、性信房の書かれた『真宗聞書《しんしゅうのききがき》』全一巻は、私が申している趣旨と少しも違っていませんので、うれしいです。この『真宗聞書』全一巻は私のところに置いておきます」とあります。

性信は親鸞から聞いた教えを『真宗聞書』としてまとめ、自分の理解が正しいかどうか確認してもらうために、それを親鸞自身に読んでもらったので

す。親鸞は「うれしうそうろう」と、とても喜んでいます。この『真宗聞書』を写したとする本が現代に何点か伝えられています。しかし、それらが性信執筆の『真宗聞書』をほんとうに写したものか、まだ確認ができていません。

また二十四輩第三、鹿島《かしま》の順信房信海《じゅんしんぼうしんかい》もまとめたようで、題欠なのですが、仮に『信海聞書』と呼ばれています。中世の写本があり、文章を検討すると、親鸞の信仰をよく理解した様子が読み取れます。こちらは順信がまとめた「親鸞語録」と理解してよいのではないかと、私は考えています。

『真宗聞書』『信海聞書』『歎異抄』いずれも関東の有力門弟がまとめたものです。ちなみに、二十四輩第二の伝統を伝える三重県津市・専修寺《せんじゅじ》にも、『高田上人代々聞書』なる書物が残っています。ただしこれは室町時代に、高田門徒の最初の指導者真仏《しんぶつ》以下、高田の指導者たちの説いた内容をまとめたものです。

三代伝持

『歎異抄』は、このように「親鸞語録」をそれぞれに編集するという関東の雰囲気のなかで作られたものでしょう。加えて唯円は覚如をはじめとする本願寺の人たちとも親しく、何度も京都に滞在した気配があります。そこで関東と京都の様子をよく知った上で作られたものであろうということもつけ加えたいと思います。『歎異抄』前半の、それぞれが比較的短文でありつつ、軽やか、かつ印象深く読ませる洗練された文章作成能力は、やはり京都の人たちとの交際のなかで身につけたものと思われます。

さらに、初期真宗門徒のなかで知られた三代伝持《さんだいでんじ》ということがありました。正しい仏法が法然から親鸞・如信へと正しく伝えられてきたことを強調する考え方です。それを特に強調したのは覚如です。覚如は、自分こそ正しい仏法の正統な後継者だ、なぜならば自分は如信から教えを受けているからだ、と主張したのです。彼は一三〇一（正安三）年、親鸞が法然の正しい後継者であることを主張するために、法然の伝記絵巻である『拾遺古徳伝絵《しゅういことくでんね》』を著わしました。また一三三一（元徳三）年、六十二歳の時に三代伝持の主張を示した『口伝鈔』を著わしました。二年後に著わした『改邪鈔』にもその主張が示されています。

三代伝持の考え方は覚如だけのものではありません。東国の有力門弟たちもそれぞれ、この考え方を持っていたようです。性信《しょうしん》の横曽根門徒でしたら、法然・親鸞・性信となり、鹿島門徒なら法然・親鸞・順信《じゅんしん》となる三代伝持です。

利害の異なる門徒集団は各自に三代伝持を主張したと考えられます。それは唯円も同様であったでしょう。『歎異抄』本文に何度も法然と親鸞の名が出てきます。そして「序」に、

故親鸞聖人《こしんらんしょうにん》の御物語《おんものがたり》の趣《おもむき》、耳《みみ》の底《そこ》に留《とど》まるところ、いささかこれをし

る す。

とあって、唯円が正しく親鸞の教えを受け継いでいるのだ、と主張しているのです。これは唯円の門弟向けの発言であるということも考えられます。

唯円は大きな門徒集団を率いた気配はありませんが、ただ諸種の『親鸞聖人門侶交名牒』に、唯円の門弟として慶信・覚明・明円・唯善の名が挙がっています。また、その『親鸞聖人門侶交名牒』には門弟全員の名前が記されているわけでもありませんので、詳細はわかりませんが、唯円には一定の門弟たちがいて、常陸国河和田を中心にして勢力を持っていた有力者の一人であったことは間違いないと思います。いわば河和田門徒の指導者だったのです。

したがって『歎異抄』執筆の直接の目的としては「同心《どうしん》の行者《ぎょうじゃ》の不審《ふしん》を散《さん》ぜんが為《ため》なり」と、河和田門徒に正しい教えを伝えることであったと考えられます。間接的には唯円が親鸞の正しい後継者であることを主張するということもあったのではないでしょうか。

『歎異抄』の構成

『歎異抄』は、序・前半全十章・後半の序・後半全八章から成り立っています。前半は比較的短い章が続き、親鸞の教えを忠実に文章化しようとしています。後半は長い章が続き、唯円自身の主張もちりばめられている気配です。

『歎異抄』の全体構成は当初の形と違っているのではないか、という説が根強くあります。簡単に言えば、前半と後半とは逆だったのではないか、という考え方が中心です。もし逆だったら、序や後半の序の内容は現在とは異なっていた可能性が大きくなります。

このことについて、私は次のように考えています。私たちが見ることのできる『歎異抄』は、十五世紀に蓮如が発見し書写してからの本です。その本の全体構成は、現在私たちが接することのできる『歎異抄』と同じです。最初の形を追い求めることに意味がないとは言いませんが、蓮如以来、社会に影響を与え続けてきたのは蓮如書写本です。そのことを基本にして『歎異抄』を分析し検討すべきです。その観点から全体構成を見てみましょう。

まず序で本書の目的を明らかにしています。第一章では親鸞の教えの真髄《しんずい》を述べています。第二章では、親鸞がいかに法然を尊敬していたかを述べます。そして親鸞の教えと教え方がどのようなものであったかについても述べています。以下、親鸞から聞いた内容を順次述べています。

後半の序も、最初の序とほぼ同じ内容で述べており、第十一章から始まる後半は、具体的な例を多く掲げながら説明しています。教えの場の実感が出ていますが、簡潔な文章が続く前半に比べて、煩雑《はんざつ》だという感じはします。

最終章となる第十八章の末尾に、

一室《いっしつ》の行者のなかに、信心ことなることなからんために、なくなくふでをそめてこれをしるす。なづけて『歎異抄《たんにしょう》』というべし。外見《げけん》あるべからず。
（真宗聖典六四一頁）

「親鸞聖人の教えを受けた同朋のなかで信心が異なることのないように、正しい信仰を得ていなくて直接に極楽浄土へ往生できなかった人たちのことを思って泣きながら、本書を執筆しています。『歎異抄』と名づけました。同朋の人たち以外には読ませないでください」と、ほぼ「序」と同じ内容が示されています。

「外見あるべからず」というのは何でしょうか。親鸞の教えを受け継ぐ念仏の行者たちが、他の信仰を擁《よう》する人たちといたずらに衝突を起こさないためでしょうか。または唯円の影響下にある人たちが、教えを同じように正しく理解するようにとの希望を込めたものでしょうか。私には、唯円の意図は後者であったように思えます。

その理由は第一に、『歎異抄』は蓮如が発見するまで世のなかにまったく知られていなかったからです。それは性信の『真宗聞書』も、順信の『信海聞書』も似たようなものですが。ただ前にもふれたように、私は覚如が『歎異抄』を読んだ可能性は大きいと思っていますので、蓮如以前にも散発的に読まれたことはあったのだろうと思います。

第二に、『歎異抄』が書かれたころは、そろそろ秘伝書的な書物が出始めた時期ではなかったでしょうか。古今伝授なども、正式になるのは室町時代からですが、もう鎌倉時代にはその考え方は出ています。これは『古今《こきん》和歌集』のいずれかの和歌に「鳥」とあれば、その鳥がどのような名前の鳥であったかを、仲間内だけ、あるいはたった一人が知っているという状態にするのです。他人が知らない知識を持っているということに誇りを持つという秘密主義です。

また、貴族たちが書いた日記は、自分たちの子孫だけに読ませるものでした。朝廷の儀式をどのように行ったかなどということは、貴族にとって非常に重要でしたので、彼らは自分が体験し、見聞きしたことを克明に記して将来の自分および子孫のために備えたのです。よほどの関係の人ならともかく、普通は他人には見せませんでした。

唯円も京都の本願寺（まだ本願寺とは言わず、親鸞廟所《びょうしょ》というのが正確とは思いますが）に出入りしていました。若き日の覚如に教えたこともあります。そのような本願寺一家との交際のなかで『歎異抄』を見せたこともあっただろうと思います。事実、先に述べたように後に覚如が書いた（正確には覚如が話すのを弟子が筆記した）『口伝鈔』には、『歎異抄』とそっくりの文章が入っています。

第三に、教理を仲間以外の人に詳しく知らせるのは、問題が起きやすいものです。法然にしても、自分がもっとも大切にした『選択本願念仏集』を人に自由に読ませることはしませんでした。ごく限られた、この人物なら大丈夫、内容を誤解せずにきちんと理解すると判断した者にしか読ませなかったわけです。親鸞はその一人でした。そしてたしかに、法然没後に『選択本願念仏集』が出版されると、法然の専修念仏を非難する声が起こりました。高《こう》山寺《ざんじ》の明恵《みょうえ》はその代表的な人物です。

明恵は華厳宗《けごんしゅう》の学僧として知られていて、法然の熱烈なファンでもありましたが、出版された『選択本願念仏集』を読み、法然の専修《せんじゅ》念仏の理論を正確に知って激怒し、『擢邪輪《ざいじゃりん》』を著わしています。「擢邪輪」とは、「邪教《じゃきょう》である法然の教えを破壊する」という意味です。

親鸞が『教行信証《きょうぎょうしんしょう》』を著わした目的は、明恵たちにいかに法然の専修念仏が正しいかを納得させるためであった、という説もあるのです。ちなみに親鸞と明恵は同い年です。

「外見あるべからず」の文意は、「親鸞の門下、同朋一般には見せる」という意味を含めて現代語訳されることが多いと思います。しかし当時の風潮から判断して、私はこれに疑問を持っています。やはり唯円は自分がほんとうに信頼できる門弟にだけ読ませたのではないか、ということです。

残された課題

同じく『歎異抄』第十八章に、誤った説を主張する人たちに言い惑わされたりする時には、このようにしなさい、と次の文章があります。

故聖人《こしょうにん》の御《おん》こころにあいかないて御もちいそうろう御聖教《おんしょうぎょう》どもを、よくよく御らんそうろうべし。おおよそ聖教《しょうぎょう》には、真実権仮《しんじつごんけ》ともにあいまじわりそうろうなり。権をすてて実をとり、仮をさしおきて真をもちいるこそ、聖人《しょうにん》の御本意にてそうらえ。かまえてかまえて聖教《しょうぎょう》をみみだらせたまうまじくそうろう。（真宗聖典六四〇頁）

「故親鸞聖人のみ心にかなって用いられたいくつもの聖教をよくよく吟味しながらお読みください。だいたい聖教というものは、真実と、方便として使っている真実ではない内容と二種類あるのです。方便を捨て真実だけを用いることこそ、聖人の本意なのです。必ず必ず聖教を読み誤らないようにしてください」。

この場合、「聖教」というのは親鸞の法兄聖覚《せいかく》が著わした『唯信鈔《ゆいしんしょう》』や同じく隆寛《りゅうかん》の著である『自力他力事』、さらには著者は隆寛ともいい信空ともいう『後世物語《ごせものがたり》聞書』などを指します。年未詳一月三日付の親鸞の手紙に、

ただ、詮《せん》ずるところは、『唯信鈔《ゆいしんしょう》』・『後世物語《ごせものがたり》』・『自力他力《じりきたりき》』、この御文《おんふみ》どもを、よくよくつねにみて、その御《おん》こころにたがえず、おわしますべし。

（真宗聖典五六七頁）

「ただ結局は『唯信鈔』・『後世物語』・『自力他力』について、これらの書物を詳しくいつも読んで、その意味するところを間違えずに理解するようにしてください」とあります。晩年の親鸞はしきりにこれらの書物を読むように門弟たちに勧めていました。自分自身が執筆した、やさしい教学書がなかったからでしょう。門弟たちはやさしい教学書を求めていたのです。

『唯信鈔』を最初に書写したのは、現存の筆写本で見るかぎり、親鸞が五

十八歳の時です。次には六十三歳、六十九歳（二部）、七十四歳の時で、七十八歳の時には親鸞自身が『唯信鈔文意《ゆいしんしょうもんい》』を著わします。八十二歳でまた『唯信鈔』を書写したのを最後に、後は八十四歳と八十五歳（三部）で『唯信鈔文意』書写となります。おそらく親鸞は必要に迫られて『唯信鈔』の解説書を執筆し、それらを門弟たちに送り続けたのです。晩年の親鸞は明らかに『唯信鈔』に着目していたと思われます。

しかし唯円は、これら『唯信鈔』・『自力他力事』・『後世物語聞書』に示されている内容は親鸞の教えとは必ずしも一致しない部分がある、と思っているのです。親鸞がこれらの書物をどのように理解しているのか、唯円はそれはわかっているのですが、一般の門徒が読んだら親鸞と同じようには理解できないだろうと思っているし、実際そのような門徒が多くいたのでしょう。

私の感想を言えば、「親鸞聖人の本意にかなうように読んでください、聖教を読み誤らないようにしてください」と門徒たちに強く注意を与えるのは、そりゃ無理だ、ということです。

親鸞はなぜ法兄たちの著書に着目したのでしょうか。その結果、門徒の間で混乱が起きていることを唯円が『歎異抄』で告白しているのです。唯円は悩んだと思います。親鸞の信仰や教え方について、ほんの一部でも疑問視することはできませんし、それを他の門徒に見せてしまうことはできません。ですが、問題が起きていることをはっきりと記すことにしたのです。さすがに最後の章に、しかもさりげなく、もちろん門徒の努力に期待するとしてです。

親鸞はまた、晩年に和讃《わさん》をたくさんつくりました。一般の門徒たちに教義がわかりやすいようにということでしょう。しかし親鸞の信仰の教理を軸にして考えると、どのように理解したらよいか、判断に困る内容の和讃もあります。

これら二つの問題の解決は現代の課題です。根本の教義に変更はなくても、親鸞とそのまわりで、唯円も、おそらく次から次に出てくる問題にどう対処していくのか、真剣な検討がなされたと思います。その結果、さまざまな解決方法が生み出されたのでしょう。

それらの個々の事情について、いまだ私たちの理解は足りないのではないかと思います。検討不足ということです。柔軟な発想でしかも厳密に検討していくべきだと思います。その検討にあたっては、親鸞やその子孫さらには門弟たちが毎日俗世間での生活を送っていたことを忘れるべきではないと思います。唯円も、俗世間のなかでいろいろな問題を抱えていたからこそ、新しく起こってくるさまざまな問題を抱え、解決に苦慮していたと思います。同じ専修念仏者といっても法然の門弟たちのなかでさえ、異なる考え方があったのです。たとえば、証空の西山義、隆寛の多念義、幸西の一念義その他です。『歎異抄』の執筆には、それらにどのように対応するかという意識もあったと思います。『歎異抄』は単に親鸞の教えを受けて伝えるだけでなく、親鸞の次の世代の社会的課題をいかに乗り越えていくかという実践の書でもあったのです。

『歎異鈔』（大谷大学博物館蔵）

よく知られているように、『歎異鈔（抄）』は著者が書いた原本は伝えられていません。現存最古の写本は、15世紀の本願寺第８代蓮如（1415〜1499年）が書写したものです。西本願寺に所蔵されています。古写本としては、永正13（1516）年書写の専精寺本、永正16年書写の永正16年本（永正本）その他があります。写真は大谷大学博物館に所蔵される永正16年本です。

陸奥国
福島県
下野国
陸奥国
栃木県
茨城県
常陸国…昔の国名
那珂東郡…昔の郡名・荘園名
奥郡
宇都宮
大山草庵
那珂東郡
那珂西郡
鳥喰
国井
吉田郡
桜川
大部
高田
専修寺
稲田姫神社
稲田草庵
笠間
太平洋
那珂川
吉田神社
報佛寺
河和田
善重寺
笠間市
涸沼川
水戸市
小鶴荘
茨城町
涸沼湖
筑波山
鹿島郡
小島草庵
下総国
無量寿寺
鹿島灘
北浦
横曽根
報恩寺
霞ヶ浦
常陸国
鹿島神宮
千葉県
下総国

『歎異抄』と唯円関係地図

あとがき

私は、自分の人生でいちばん影響を受けた本はと問われれば、ためらわずに『歎異抄』を挙げます。影響を受けたというより、もっともご恩をいただいた本ということです。特に大学院時代に『歎異抄』のなかでも第二章にある「たとい、法然聖人にすかされまいらせて、念仏して地獄におちたりとも、さらに後悔すべからずそうろう」という、親鸞聖人が必死の思いで法然上人への信頼を述べられた文章にずいぶん励まされました。

その後もおりにふれて『歎異抄』をひもとき、さらに他のいろいろな文章からも導かれる自分を感じました。それらのことを軸に本書の第一部をまとめました。近年では同じく第二章の「愚身の信心におきてはかくのごとし。このうえは、念仏をとりて信じたてまつらんとも、またすてんとも、面々の御はからいなり」という文章に惹きつけられています。『歎異抄』は七百年以上もの昔に書かれたものですけれども、常に新しい、と思うのです。

本書が刊行されましたら、あらためて唯円が生きた河和田の道場池や塩街道の跡地をめぐってみたいと思っています。その跡地のことは本書第二部に述べました。幸い、そこには昔の面影がずいぶん残っているようです。その河和田のなかで、唯円がどのように親鸞聖人の教えを伝えようとしたのか、思いを致したいと思っています。

本書の出版にあたっては、出版部の皆様に大変お世話になりました。厚く御礼を申し上げます。

二〇一八年十一月二日

今井雅晴

今井雅晴（いまい・まさはる）

1942（昭和17）年、東京都生まれ。東京教育大学大学院博士課程修了。

筑波大学名誉教授。東国真宗研究所長。専門は日本文化史、仏教史。主な著書に『親鸞と浄土真宗』『親鸞と東国』『親鸞と歎異抄』（吉川弘文館）、『如信上人』（東京教務所）、『親鸞の伝承と史実』（法藏館）、『関東の親鸞シリーズ』⑴〜⒂（真宗文化センター）、『歴史を知り、親鸞を知る』シリーズ⑴〜⑽、『帰京後の親鸞』シリーズ⑴〜⑷、『親鸞聖人とともに歩んだ恵信尼さま』（自照社出版）等多数。

わが心《こころ》の歎異抄《たんにしょう》

2019（平成31）年1月28日　第1刷発行
2019（令和元）年9月28日　第2刷発行

著　者　今井雅晴
発行者　但馬　弘
編集発行　東本願寺出版（真宗大谷派宗務所出版部）
〒600-8505　京都市下京区烏丸通七条上る
TEL　075-371-9189（販売）
075-371-5099（編集）
FAX　075-371-9211
印刷・製本　中村印刷株式会社
装　丁　藤本孝明＋如月舎

ISBN978-4-8341-0597-1　C0115